AF389067

Les

Mystifications

de

Caillot-Duval

Il a été tiré de cet ouvrage

TROIS CENT SOIXANTE-QUINZE EXEMPLAIRES :

10 exemplaires sur papier du Japon (A à J).
5 exemplaires sur papier de Chine (K à O).
10 exemplaires sur papier de Hollande (P à Y).
350 exemplaires sur alfa vergé (1 à 350).

N°

Les
Mystifications
de
Caillot-Duval

*CHOIX de ses LETTRES
les PLUS AMUSANTES
avec les RÉPONSES de ses VICTIMES*

NOUVELLE ÉDITION COMPLÈTEMENT REMANIÉE
par

LORÉDAN LARCHEY

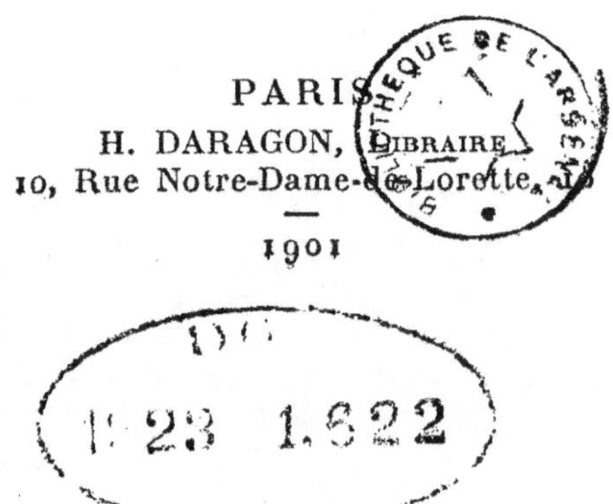

PARIS
H. DARAGON, LIBRAIRE
10, Rue Notre-Dame-de-Lorette, 10
—
1901

AVANT-PROPOS

Système de mystifications organisé par
Fortia de Piles et de Boisgelin sous le
pseudonyme Caillot-Duval. — Défilé
comique de leurs victimes. — Dissimu-
lations de l'édition originale. — Pourquoi
il n'est donné ici qu'un choix des lettres.
— Comment je fus à mon tour dupe d'une
mystification de Paul Lacroix. — Anec-
dote curieuse montrant que l'invention
était à ses yeux un mérite.

Les raffinés en bibliographie con-
naissent seuls Caillot-Duval, car sa
Correspondance philosophique (1) est

(1) Au xviiie siècle, *philosophique* se met-
tait à toutes sauces. Aujourd'hui, on dit
psychologique. Ici, *comique* serait le mot
juste, mais il n'est plus à la mode.

1

une rareté. Un autre titre la recommande à l'intérêt ; — elle est vraiment comique.

Le nom de Caillot-Duval est un pseudonyme inventé par deux lieutenants de qualité, MM. Fortia de Piles et de Boisgelin, qui adoraient la mystification, passe-temps fort goûté en 1784, à Nancy, où ils tenaient garnison. Dans un journal de cette ville, ils avaient remarqué certaines pièces dues aux loisirs d'un procureur picard, et les lisaient avec l'âpre jouissance qui fait souvent dévorer d'un bout à l'autre les productions les plus nulles. Ce procureur, nommé Le Cat, était attaché au présidial d'Abbeville ; ils envoyèrent à son adresse une lettre de félicitations ridicules.

Le Cat y fut pris. Sa joie de trouver des admirateurs à cent cinquante lieues l'empêche de voir ce qu'a de suspect le désir d'entrer en relations. Il s'abandonne aux délices d'un commerce aussi nouveau.

Les mystificateurs eux-mêmes en sont étonnés. Ce premier succès les enhardit; ils étendent leur cercle d'opérations, et ils s'attaquent à une fille d'Opéra.

Pareil gibier a le nez plus fin. — Le faux Caillot-Duval ne l'ignore pas; il change de tactique; il ne parle plus que d'argent.

Chambellan-factotum d'un prince russe prêt à visiter Paris et trop bien élevé pour s'y passer de maîtresse, il veut ménager cette bonne fortune à Mlle Saulnier, jeune rat de seize ans chaperonné par sa sœur qui évite de la compromettre en supportant le plus grand poids de la négociation. Caillot-Duval ne lui paraît pas trop digne de confiance, et cependant on ne sait jamais..... La Russie est si loin.... Elle tourne donc la chose en plaisanterie, tout en traitant sérieusement la question d'intérêt. Sans mordre à l'hameçon, elle reste à portée, et ne s'éloigne qu'au moment où la ruse devient par trop grossière.

Les autres correspondances sont plus brèves, mais non moins récréatives. C'est un tournoi de personnalités grotesques. Voici Soudé, le bottier de la rue Dauphine, qui n'ose s'avouer incapable de faire une paire de bottes sans couture. Il préfère, le vaniteux, alléguer que la clientèle de la maison du Roi absorbe tout son temps. — Voici respectable et discrète personne dame de Launay, entremetteuse de son métier, en la rue Croix-des-Petits-Champs. Avec les précautions requises par son genre de commerce, elle accepte l'offre de lancer deux nièces charmantes de Caillot, et comme celui-ci, indigné de voir qu'elle ne signe pas, l'invite à prendre un nom *en l'air* (1), comme celui de Copernic, elle signe majestueusement *de Copernic*, pour ne pas

(1) On voit que Caillot-Duval fait marcher de front la mystification et le calembour, mais on peut dire ici qu'il jette ses perles aux pourceaux.

déroger ! — Ce trait vaut un volume sur le délire particulaire qui n'a point cessé, hélas ! de posséder les humains.

Et M. de la Roche, gouverneur de la ménagerie de Versailles, qui croit railler son railleur en lui confiant qu'en fait de génération, il se préoccupe peu de l'artificiel ! — Et le perruquier Chaumont qui reçoit pour bonne la commande de six toupets destinés à protéger un crâne dénudé par les passions ! — Et l'ornithologue Lheureux de Chanteloup qui accueille sans rire la nouvelle de l'accouplement d'une chouette et d'un loriot ! — Et l'organiste Aubert qui se croit obligé de certifier la vertu de son épouse ! — Et le confiseur Berthellemot qui défend l'innocuité de ses *bonbons d'amour* soupçonnés aphrodisiaques ! — Et le lieutenant de police Urlon qui daigne faire rechercher une jeune fille dont le consciencieux Caillot envoie un signalement si complet que le genou n'est pas omis ! — Et l'illuminé Lefort qui semble avoir perdu la tête à force d'enseigner hautbois, basson et flûte, et qui se déclare prêt à donner leçon, de par la permission divine !

On ne retrouvera pas ici toutes les lettres conservées par la *Correspondance philosophique*. Caillot-Duval n'abuse pas tout le monde ; il voit quelques épîtres demeurer sans réponse ou lui attirer des répliques fort sèches, l'invitant à ne plus continuer. Si originale que soit sa prose en ces jours de défaite, elle n'est point à reproduire. Où le mystifié n'est pas, le mystificateur doit disparaître.

Nous avons dit qu'il y avait deux personnes en Caillot-Duval. — S'il fallait en croire la majorité des traités bibliographiques, ce pseudonyme cacherait M. Fortia de Piles seul. Nous nous rangeons à l'avis de la *Biographie Michaud*, qui lui adjoint un collaborateur, le ch^{er} de Boisgelin de Kerdu. Tous deux étaient officiers au régiment du Roi ; tous deux collaboraient, en cette même année 1785, — date de la plupart des lettres de Caillot-Duval, — à une autre mystification par lettres contre le mesmérisme (1). Enfin, n'oublions pas qu'un cousin de Fortia de Piles, le savant Mis de Fortia d'Urban, fut collaborateur de la *Biographie Michaud* ; au double titre de parent et de contemporain, il n'eût pas manqué de rectifier toute erreur.

Nous ne ferons pas l'énumération des ouvrages plus sérieux de MM. de Fortia et de Boisgelin ; elle est longue et facile à trouver. On peut seu-

(1) Correspondance de M. M. (Mesmer) sur les nouvelles découvertes du baquet octogone, de l'homme baquet et du baquet moral, recueillie et publiée par MM. de F. (Fortia), J. (Journiac de Saint-Méard) et B. (Boisgelin), *Libourne* et *Paris*, Prault, 1785, in-12.

lement faire observer qu'elle montre l'étendue de leur savoir et de leur esprit d'observation.

Si on excepte quelques pièces données au théâtre de Nancy, par M. de Fortia, la *Correspondance de Caillot-Duval* fut le premier ouvrage de nos deux amis. Promu capitaine au 105e régiment le 1er avril 1791, Boisgelin émigra pour ne rentrer qu'en 1816, retraité comme lieutenant-colonel. Fortia ne paraît point avoir servi à l'Etranger ; déjà, en 1788, un *Etat* particulier du régiment ne porte plus son nom. Rentré à Paris le premier, il réunit les textes de leur immense mystification en un volume dont le titre exact est au bas de cette page (1).

(1) Correspondance philosophique de Caillot-Duval rédigée d'après les pièces originales, et publiée par une Société de littérateurs lorrains, à Nancy et se trouve à Paris chez les Marchands de Nouveautés. 1795 (in-8 de 236 pages, plus 12 pages de titre et préfaces, avec cette épigraphe) : Ne vous

La préface des éditeurs de l'édition
originale est une mystification de
plus ; elle annonce la mort de Caillot-Duval confiant, à son heure dernière, le soin d'éditer la fameuse correspondance au citoyen Michel, bien
connu dans la république des lettres,
demeurant à Nancy, rue Saint-Dizier,
qui reste le dépositaire des originaux.

L'annonce du dépôt vaut celle de
la mort. Le seul Michel qui se soit
fait connaître n'habita jamais la rue
Saint-Dizier. Le fait nous a été ga-
ranti en 1864, par une lettre de son
fils, notaire à Nancy.

Le livre ne paraît pas non plus
avoir été imprimé en cette ville. Le
filigrane de son papier n'a jamais été
vu par M. L. Wiener, qui les connaît
tous, et M. Jules Favier, bibliothé-
caire de Nancy, ne voit pas le livre

étonnez point de voir les personnes simples
croire sans raisonnement. Pensées de Pascal. Chap. VI.

mentionné dans les publications lo-
cales du temps. En revanche, il a
retrouvé dans le *Moniteur* du 22 prai-
rial an 8, la curieuse lettre qu'on va
lire ; elle achève de montrer que le
livre s'est fait à Paris :

AU RÉDACTEUR,

J'ai toujours regardé, citoyens, le rire,
non seulement comme un des premiers
besoins de l'âme, mais encore comme le
garant le plus certain de la santé du corps.
Il entretient cet équilibre entre les facultés
morales et physiques, sans lequel l'homme
ne saurait être dans un juste aplomb, il est
une des premières causes de cette sérénité
dont la présence est indispensable au bonheur, et sans laquelle nous ne connaissons
ni le véritable contentement, ni le bon ap-
pétit, ces deux antidotes de tous les mal-
heurs de ce bas monde.

D'après ces principes, dont un peu de
réflexion achèvera de vous démontrer l'évidence et la solidité, il est clair que tout
ouvrage qui inspire cette joie franche et
naturelle, première source et le plus sûr
aliment du rire, mérite non seulement notre

reconnaissance, mais doit être indiqué aux esprits mélancoliques comme d'habiles médecins, et aux autres comme de précieux conservateurs.

Je crois donc rendre un véritable service à vos nombreux lecteurs, en vous entretenant aujourd'hui d'une brochure qui vient de me tomber dans la main, et qui me paraît très éminemment mériter d'être rangée dans cette classe.

Elle est intitulée : *Correspondance philosophique de Caillot-Duval* et imprimée en 1795. Je m'étonnerais beaucoup qu'elle ne soit pas plus connue, si je ne savais que c'est un système depuis longtemps adopté par les libraires d'étouffer de tout leur pouvoir les ouvrages imprimés au compte des auteurs.

Celui-ci est un recueil de 120 lettres écrites sous le nom imaginaire de Caillot-Duval, par deux hommes de beaucoup d'esprit, à beaucoup de gens très connus à Paris, qui tous ont été la dupe de cette mystification, et ont bonnement répondu à cet être idéal.....

Il ne m'appartient point de décider du mérite littéraire de ce petit ouvrage, mais j'ose défier l'homme le plus atrabilaire d'en lire quatre pages de suite sans rire aux éclats, et cette gaîté soutenue sans efforts, sans prétention, sans boufonnerie, enfin sans mauvais goût, dans 232 pages, n'est pas une chose commune ni sans mérite. L'auteur de cette *Correspondance* a prouvé dans des ouvrages plus importants (entr'autres le *Voyage de deux Français au nord de l'Europe*) qu'il avait des droits bien acquis à l'estime publique : mais on peut dire qu'il a rendu un véritable service à ses concitoyens, en publiant une brochure extrêmement amusante et dont je ne saurais trop recommander la lecture à ceux qui pensent, ainsi que moi, que trois heures passées dans l'accès de la plus aimable gaîté ne sont pas une chose indifférente au bonheur de la vie.

La *Correspondance philosophique de Caillot-Duval* se trouve chez Batillot père, libraire, rue du Cimetière-Saint-André-des-Arts, n° 15, qui la vend 2 fr., et franc de port, 3 fr.

J'ai l'honneur d'être, etc.

G. D. L. R. (1).

Notre première édition n'avait fait qu'un choix dans la *Correspondance*

(1) Le nom *Grimod de la Reynière* écrit sur l'exemplaire de M. Jules Favier, est d'autant plus certain que le célèbre gastronome était le compère et l'ami des auteurs.

de Caillot-Duval ; il s'est réduit encore ici de quatre lettres relativement insignifiantes et d'une cinquième où la mystification a été pour moi. Le fait est assez amusant pour être exposé.

Une réponse de l'abbé Aubert, rédacteur des *Petites Affiches*, à Caillot-Duval, avait été reproduite par moi en citant un feuilleton de Paul Lacroix (1) qui disait l'avoir retrouvée dans le journal de l'abbé. La garantie de son nom m'avait paru suffire.

Il s'est trouvé un chercheur très sérieux, très scrupuleux, qui n'a pas pris comme nous chat en poche, il a voulu être bien sûr que cette réponse de l'abbé était dans les *Petites Affiches* ; il a eu l'incroyable patience de feuilleter le recueil, car la lettre n'était pas datée. Comme il n'a rien trouvé, il en a conclu que c'était une invention et que j'avais eu tort d'a-

(1) Publié dans le journal *Le Pays* en date du 6 mai 1855.

2

voir confiance en Paul Lacroix. Ses conclusions portent que : « M. Larchey a fait preuve de légèreté là comme dans quelques-uns de ses travaux ».

On n'écrase pas un moucheron avec plus d'autorité. Que dirait mon juge s'il lui restait assez de temps et de courage pour examiner à la loupe ce que j'ai noirci de papier depuis cinquante ans ! Du premier coup, il m'a reporté aux notes trimestrielles du collège de Metz où, tout enfant, j'étais déjà flétri de la même épithète.

Léger !..... je vois encore le mot en védette à la colonne des observations particulières. Léger !... je ne comprenais pas trop ce que cela voulait dire, mais l'œil attristé de mon père m'avertissait que la chose était grave, et je me sentais tout chagrin.

Il est temps de reconnaître aussi que la légèreté ne fut pas moins dans mon tempérament que l'amour de la mystification dans celui de Lacroix.

Je m'en aperçus trop tard lorsque nous fûmes tous deux voisins de couloir sur les hauteurs de la bibliothèque de l'Arsenal où nous nous plaisions à deviser chaque matin, car il était homme enjoué.

Je le vois encore, griffonnant comme moi, le nez sur les petits carrés de papier qui constituaient sa correspondance. Béret rabattu en guise d'abat-jour, cache-nez à triple tour et remontant comme une haute cravate du Directoire sur un visage plein, coloré, toujours rasé de frais, avec des yeux dissimulés sous une paire de lunettes miroitant entre deux touffes de cheveux blancs comme neige, minutieusement bouclés au petit fer (1). Tel il m'apparut

(1) Quand Lacroix n'était point frisé au saut du lit, il se cachait à tous les yeux, car ses cheveux tombés alors à plat lui donnaient un air de vieux jacobin sanguinaire. Ils étaient naturellement gros et raides ; c'est pourquoi sans doute ils ont si

quelques jours après la publication de mes *Cahiers du capitaine Coignet.* Dès que j'entrouvris la porte, il raffermit ses lunettes et croisa sur ses genoux les pans de sa robe de chambre, tandis que, perchés derrière lui sur un bâton de cage à perroquet, deux ouistitis, sentant le musc, suivaient ses mouvements et buvaient ses paroles avec l'attention la plus vive :

— Ah ! mon cher ami, fit-il. Venez que je vous fasse mon compliment. Les cahiers de votre capitaine m'ont empoigné littéralement... Pardonnez-moi, mais je ne vous croyais pas de cette force... Non, réellement, c'est très fort.

— Fort comme la vérité. Mon introduction vous a montré que je n'y

bien résisté toute sa vie aux brûlantes morsures du fer chaud. Je tiens à consigner ce détail pour les friseurs qui auraient pu le citer comme un modèle unique au monde. Il avait alors 75 ans et toutes ses dents.

suis pour rien. J'ai fait mon métier
de blanchisseur, de metteur en lu-
mière, j'ai supprimé ça et là... mais
je n'ai rien ajouté.

Je vis les yeux de Lacroix briller
derrière ses lunettes, et il eut un rire
silencieux :

— A d'autres ! A d'autres !! mon
bon ami... Regardez-moi en face !...
Vous espérez me faire croire que
votre homme a réellement écrit cela.

— Si réellement qu'il l'avait fait
imprimer bien avant moi. Je n'ai fait
qu'acheter et revoir son manuscrit
original. Du reste, je vais immédiate-
ment le placer sous vos yeux.

Je sors et je reviens au bout d'une
minute.

— Voilà ! Regardez à votre aise !
Comparez l'original et l'imprimé...
Vous verrez beaucoup de mots en
moins. Pas un mot en plus... Vous
sentez bien que je ne me serais pas
donné le mal d'inventer un original
défectueux pour le blanchir.

2.

Pendant ce temps, Lacroix feuille-
tait à la diable, tapant du bout des
doigts sur les feuillets. Puis, il ferma
brusquement le manuscrit, et, me
regardant nez à nez :

— Quand vous voudrez, dit-il, je
connais une copiste qui vous en
fera autant...

Jamais, je ne vins à bout de lui
faire comprendre que je me mépri-
serais moi-même, si j'avais inventé.

Au contraire, l'invention était un
ragoût nécessaire pour lui comme
pour bien d'autres (on en pourrait
nommer d'illustres) aux yeux des-
quels l'historien présentant la vérité
toute nue semblait un indigent trop
pauvre pour offrir une toilette.

D'excellentes communications
m'ont été faites. Leur mérite, leur
étendue, pour ne citer que celle de
M. le marquis de Boisgelin, dépas-
saient malheureusement l'exiguité
du cadre imposé. Avec une rectifica-
tion essentielle de M. R. Alexandre,

parvenue indirectement, le fraternel concours de MM. L. Blancard, Chapoutot, A. Chuquet, Couet, P. Cottin, J. Favier, Hennet, Monval, E. Mulle, Taphanel, a paré du moins à l'impossibilité d'aller me renseigner sur place. Je ne saurais trop leur témoigner de gratitude.

Menton, 18 avril 1901.

L. L.

CORRESPONDANCE

I

Sous le masque d'un prince russe et d'un
chambellan à tout faire, Caillot-Duval
entre en négociations avec une danseuse
de l'Opéra.

A Mademoiselle Saulnier (1)
de l'Opéra, à Paris.

Dresde, le 12 octobre 1785.

La haute réputation, mademoiselle, dont vous jouissez à si juste

(1) Plusieurs clés manuscrites mettent
Sainville. Mais cette année-là ni les sui-
vantes, le nom de Sainville ne figure

titre, n'est pas bornée à la France
seule ; elle a pénétré jusqu'aux glaces
du Nord : vous le croirez sans peine,
si vous vous rendez justice. Vos
talents supérieurs, vos grâces nobles
et piquantes subjugueroient le cœur
le plus insensible. J'en viens au fait,
mademoiselle : retenu dans une cour
d'Allemagne, je compte n'être à Paris
que dans le mois de janvier. Je ne
vous demande point de préférence
exclusive, mais simplement de me
recevoir avec bonté. J'ai l'amour-
propre de croire que lorsque j'aurai
l'avantage d'être connu de vous, mes
tendres sentimens vous arracheront

dans le personnel de l'Opéra. De plus, le
nom de Saulnier donne seul les sept points
qui suivent, dans l'original, l'initiale S, et il
a été relevé sur un exemplaire ayant ap-
partenu à **M.** de Fortia.

En croyant que l'initiale **S...** commençait
le nom de *Sainville,* Paul Lacroix aura
pensé à une autre danseuse du nom de
Siville qui n'émargeait pas plus de huit
cent livres, dans un rang bien inférieur.

un aveu qui fera le bonheur de ma
vie.

Mon chambellan, qui est avec mes
équipages à Nancy, pour y attendre
la princesse mon épouse, qui doit y
passer l'hiver, vous fera parvenir
ma lettre.

(Cette première lettre non signée est incluse dans la suivante qui contient les
explications complémentaires de Caillot-
Duval) :

Nancy, le 1er novembre 1785.

Telle est, mademoiselle, la lettre
que Son Altesse m'ordonne de vous
faire passer : je ne vous l'envoie pas
en original, ses ordres portant ex-
pressément de la faire copier ; elle a
les plus grands ménagemens à garder jusqu'à son arrivée en France.
Monseigneur compte se fixer à Paris
jusqu'au mois de juillet ; de là reve-

nir à Plombières, où il rejoindra la princesse son auguste épouse, dont l'état ne lui permet pas de se rendre à Paris, et qui passera l'hiver ici.

Je ne vous parle pas du personnel de Son Altesse ; vous en jugerez : si vous voulez me témoigner de la confiance, je vous donnerai, avec franchise, tous les détails que vous pourrez désirer. Je suis attaché au prince depuis son enfance ; je l'ai vu naître, et il n'a rien de caché pour moi ; je vous dirai même que c'est à moi que vous devez cette bonne fortune. J'ai eu le plaisir de vous voir plusieurs fois, il y a deux ans : quoique je ne vous aye jamais parlé, je vous rappellerai des circonstances qui vous en feront ressouvenir.

Vous voudrez bien m'adresser votre réponse ici, et y joindre celle pour le prince, cachetée avec enveloppe. Il ne veut se nommer que lorsqu'il connoîtra vos sentimens favorables ou contraires ; il sent, ainsi que moi,

que vous pourriez avoir des engage-
mens impossibles à rompre.

J'ai l'honneur d'être, etc. — CAIL-
LOT-DUVAL.

Réponses de Saulnier cadette au prince
et de Saulnier aînée au chambellan ; la première est incluse dans la seconde :

Paris, le 3 novembre 1785.

Monseigneur, je fais un effort sur
moi-même pour répondre à ce que
vous daignez me faire écrire : je suis
pénétrée d'un pareil honneur; la
lettre de ma sœur expliquera mieux
mes sentimens.

Monseigneur,
     de votre altesse
la très-humble servante. — SAUL-
NIER cadette.

3

Paris, le 3 novembre 1785.

L'état où se trouve ma sœur ne lui permet pas d'écrire en ce moment. Le dernier voyage qu'elle vient de faire à Fontainebleau lui a causé des fièvres violentes qui la retiennent dans son lit ; elle a été seignée quatres fois. Sans cela elle auroit l'honneur de répondre au prince qu'elle ne connoît pas encore, mais que les choses flatteuses qu'il lui fait dire lui font bien désirer de le connoître. Des procédés si honnaites pourroient bien faire naître dans son cœur des sentimens qu'elle n'a pas encore éprouvé (1). Nous espérons, M., de votre

(1) Une note de l'édition originale porte ici que Saulnier cadette était entretenue par le baron de Breteuil « qui aurait mieux fait de s'en tenir à ce genre d'occupations que de se charger de travaux ministériels au-dessus de ses moyens ». Chargé du département de Paris et de la maison du Roi, il avait alors passé la cinquantaine.

bonté, ma sœur et moi, que vous ne
nous laisserez pas attendre avec im-
patience une réponse dans laquelle
sur-tout vous n'oublierez pas des circonstances que vous nous promettez :
nous vous prions, monsieur, de vouloir bien croire qu'on ne peut rien
ajouter aux sentimens de reconnoissance et de respect avec lesquels
nous avons l'honneur d'être vos très-
humbles servantes. — SAULNIER
l'aînée.

A *Mademoiselle Saulnier cadette.*

Aperçu confidentiel des avantages qui
lui sont réservés du côté du prince.

Nancy, le 11 novembre 1785.

J'ai reçu, mademoiselle, votre lettre du 3, et celle de mademoiselle
votre sœur ; j'ai fait partir sur-le-

champ la vôtre pour Manheim, où le prince doit être depuis avant-hier ; j'y ai joint une copie de celle de mademoiselle votre sœur. Si son altesse est satisfaite, comme je n'en doute pas, de la célérité que vous avez mise à lui répondre, elle sera bien touchée de l'état fâcheux dans lequel vous vous trouvez ; j'espère que vous m'informerez exactement des suites de votre maladie, qui ne peut être produite que par la fatigue du voyage de Fontainebleau ; et je compte que votre première lettre m'apportera des nouvelles satisfaisantes.

Je ne doute pas de recevoir sous très peu de jours, une lettre du prince pour vous ; mais en attendant, voici les détails que je crois pouvoir vous donner, d'après mes conversations avec lui. Quoiqu'il soit naturellement très-généreux, il se trouve un peu gêné dans ce moment-ci, parce qu'il s'empresse de liquider toutes les dettes que son père avoit contractées avec le roi de Prusse, monarque aussi peu galant que créancier exigeant. En conséquence, voici à peu près ce que je crois pouvoir vous assurer qu'il fera pour vous : j'aime mieux vous dire moins que plus.

D'abord il veut une petite maison, seule, s'il est possible (pour vous s'entend), aux environs des boulevards ; il y mettra mille écus ; il la garnira de six à huit mille francs de meubles, habillera deux laquais et un cocher, donnera une diligence et deux chevaux, le tout de cinq à six mille francs ; de plus vous aurez cinquante louis par mois, et votre maison sera défrayée de tout. Je ne vous parle pas des petits agréments, tels que des loges aux spectacles, et des cadeaux courans : voilà ce dont je suis sûr. Je n'entre dans tous ces détails qu'afin que vous sachiez sur quoi compter : je sais que l'intérêt n'est qu'une chose bien secondaire, et que c'est le sentiment seul qui doit décider de tout ; je vous prie même de me garder le secret, puisque j'agis de mon chef, et à l'insçu du prince, qui m'en sauroit peut-être mauvais gré, vu que sa méthode est de chercher à gagner et captiver les cœurs.

Lorsqu'il vous sera connu, vous serez forcée de convenir qu'il a bien réellement le sentiment épuré de l'amour.

Faites-moi le plaisir de remettre à mademoiselle votre sœur, la lettre ci-jointe : la sienne est si joliment écrite, que je n'ai pu m'empêcher de lui en faire mon compliment ; j'entrevois qu'elle doit être fort aimable.

Vous avez oublié de cacheter votre lettre pour le prince, comme je vous l'avais recommandé ; souvenez-vous-en pour la première qui contiendra beaucoup de choses que je suis censé ignorer.

J'ai l'honneur d'être, etc. — CAILLOT-DUVAL.

A Mademoiselle Saulnier l'aînée.

Détails intimes donnés et demandés par
Caillot-Duval. Saulnier aînée répond en faisant le portrait de la sœur et la description de leur genre de vie.
(Incluse dans la précédente.)

Nancy, le 11 novembre 1785.

Je vous avoue, mademoiselle, que
votre lettre m'a enchanté, elle m'inspire le plus grand désir de faire
votre connoissance, et je suis persuadé que votre société ne peut
qu'être infiniment agréable. Que
j'aime à voir deux sœurs vivre en
aussi bonne intelligence! cela fait
l'éloge de vos cœurs. Comme vous
me semblez avoir toute la confiance
de votre aimable sœur, je vais m'ouvrir à vous sur certains points délicats, auxquels j'espère que vous me
répondrez avec la même franchise.
J'ose me flatter que vous n'avez

point pris de moi une idée défavo-
rable ; la démarche que je fais
aujourd'hui n'a pour principe que
l'amitié la plus pure, et la moins
susceptible de soupçons fâcheux. Soit
dit entre nous, je désirerois bien que
vous voulussiez me faire connoître le
caractère de mademoiselle votre
sœur ; quels sont ses goûts, le genre
de ses sociétés (article essentiel). Le
prince est la douceur et la bonté
même ; il est gai et ouvert : son
foible (il est bien pardonnable) est
de vouloir être aimé. C'est un modèle
de constance, du moment qu'on lui
plaît : il faut pour cela des atten-
tions soutenues, et lui témoigner un
attachement et une confiance sans
bornes. Pour vous en donner un
exemple, il a passé trois ans avec
une Française réfugiée, dont il a une
fille. Leur amour n'a été troublé que
par la mort de cette tendre et chère
amante, qui a rendu le dernier sou-
pir dans ses bras. Il s'est écoulé

quatre ans depuis cette terrible catas-
trophe : il a pris sur ses revenus une
somme annuelle de 25.000 florins,
pour compléter 100.000, qu'il vient
de placer sur la tête de ce précieux
enfant, qui a à peine cinq ans. Son
mariage, qui s'est fait dans cet intervalle, a calmé, pour un moment,
sa douleur : enfin, la raison est
venue à son secours, et, comme son
cœur a besoin d'aimer (son mariage
étant une affaire de convenance trop
ordinaire parmi ses pareils), je lui ai
parlé de mademoiselle votre sœur;
d'après le portrait que j'en ai fait, il
s'est décidé sur-le-champ. Sur-tout
n'oubliez pas les renseignemens que
je vous demande; de plus, dites-moi
si vous habitez avec tous vos parents,
et si vous et votre sœur consentez à
les quitter; car l'intention de son
altesse est qu'il n'y ait que votre
sœur dans la maison qu'elle lui destine : mais je me charge d'arranger
les choses pour que vous y habitiez

aussi ; cela sera même plus convenable pour elle, et plus agréable pour vous.

N'oubliez pas de recommander à votre sœur de m'envoyer la lettre pour le prince, cachetée et sous enveloppe : elle peut s'expliquer en toute confiance ; il suffira qu'elle mette sur l'adresse : *pour son altesse.*

J'ai l'honneur d'être, etc. — CAILLOT-DUVAL.

Réponse.

Paris, le 15 novembre 1785.

MONSIEUR,

Je suis bien flatée de la bonne opinion que vous voulez bien prendre de moi : cela cependant ne me donnera point d'amour-propre, parce que je suis bien éloignée de penser

qu'il n'y ait que nos chevaliers français de galans ; ce sont des complimens auxquels on doit s'attendre
quand on écrit à un homme d'esprit.

Vous désirez de me connaître,
monsieur, en cela nos désirs sont
réciproques. Comment avez-vous pu
penser que peut-être nous aurions
sur votre comte des sentimens diffé-
rans de ceux que le rang que vous
occupez et les bons offices que vous
voulez nous rendre doivent faire
naître dans nos cœurs?

Quelque soit le motif qui vous et
fait écrire ces lettres, n'importe c'est
un amour de roman qui me plairoit
assez, mes en vérité vous ête bien
repreansible de nous avoir tu le nom
du héros. Vous conaisez la curiosité
des femmes et vous n'avez pas encor
satisfet à la notre. Vous me demandez une explicastion que ma sœur ne
pourra vous donner, il lui est impossible de vous répondre car l'aplica-
tion quexigeroit une pareille réponse

seroit dans le cas de lui donner la fievre, et vous ête trop honnaîte pour ne pas vous contenter d'une pareille raison.

Le portraits que vous faites de votre aimable prince ne soroit manquer de plaire et je trouve dans le caracter de ma sœur un peu d'analogie avec le sien.

Elle est sans expérience parce qu'elle est encor geüne l'amitié quelle a pour ses parens et son penchand à rendre service son la bâse de son cœur.

Concentrée dans le sin de sa famille ou elle se plait beaucoup, elle ne voi point de sociétés ou le cœur et l'esprit pourroient se dépraver (1)

(1) Sept ans plus tard, cette crainte semble évanouie. On lit dans *Almanach des demoiselles de Paris pour* 1792 ; « Saulnier, rue Portefoin, n⁰ 4. Peau douce, la gorge moelleuse... Cette danseuse est vive, sans façons, et met tous ses amis à l'aise. Pour vingt-quatre heures, 300 livres ».

avec des pareillès précaustions et une semblable retenue les qualités du cœur ne peuvent manquer de paroitre à ses yeux bien plus estimable que les avantages de la figure dont la frivolité feroit le prinsipal ornement. Comme il ne lui seroit pas difficile de trouver les avantages qui s'ofrent les premiers aux ames intéressées dans les conditions que vous imposez, ausi ne seront pas les motifs qui la détermineront mais plutaut l'idée douce et flateuse d'être aimée d'une personne que la naissance et des brillantes quallitées élevent au desssus des autres hommes.

Quoique sa dépense soit grande la première place (1) quelle occupe à

(1) Mademoiselle Saulnier figure sur l'état des appointements des artistes de l'Opéra en 1785 au titre de premier sujet de la danse. Elle n'avait alors que seize ans, comme l'écrit sa sœur. Son rang et son traitement étaient les mêmes que ceux de la Guimard (appointements : trois mille

l'opéra la met à l'abrit de ces variastions de monter et de descendre.

Quand a la petite maison que le prince désireroit quelle ocupat, avant d'avoir reçu aucunes de vos lettres on en avoit déja loué une pour 3000 l. sur les boulvars et toutes les commodités qui s'y trouvent ne laisseroient rien à désirer à son altesse. Pour la voiture et les chevaux le prince pourra reconnoitre cela d'une autre maniére parce que nous en avons deux toutes neuves.

Comme nous sommes unies des l'enfance rien ne soroit nous séparer, nous n'avons qu'une mer que nous aimons tendrement, et deux frere mes qui par leurs états présent ne sont point dans le cas de recourir à nous, voilà toutes notre famille et notre suite et notre société ordiner.

livres, — gratification : deux mille l., — gratification extraordinaire : deux mille l. — Total : 7.000 l.) Elle habitait alors rue de la Lune, vis à vis de Bonne Nouvelle.

Coique ma sœur soit un peux
mieux actuelment et hor de danger
cepandant la maladie un peu longue
queile a éprouvée l'a laissée dans
une grande foiblesse qui la met dans
l'imposibilité de rien faire qui exige
de l'attention sans nuir au rétablis-
sement de la santé c'est pourquoi M.
veullez bien agréér au prince ses regrets de ne pouvoir lui écrire et recevoir en même temps de ma part les
assurances etc. J'ai l'honneur d'ê-
tre etc. — S... l'ainée.

P. S. Dans la première lettre que
vous nous écrirez nous esperons sur-
tout que vous nous tirerez d'incerti-
tude en nous envoyant le non du
prince, san cela le romans devien-
droit froi et sans interes.

A Mademoiselle Saulnier l'aînée.

(Caillot-Duval se formalise du doute que
laisse percer sa correspondante).

Nancy, le 17 novembre 1785.

Je reçois à l'instant, mademoiselle,
votre lettre du 15 : il m'est impossible d'y répondre en détail aujour-
d'hui ; je me bornerai à vous observer, que j'ai lieu d'être étonné de
quelques passages qu'elle contient,
qui tendent à faire croire que vous
regardez ceci comme un roman.
Croyez que vous êtes dans l'erreur :
rien n'est plus sérieux que tout ce
que je vous ai écrit, et je ne vous
cache pas que si le prince venoit à
être instruit de la manière dont vous
avez reçu ses offres, le dépit pourroit
les lui faire porter ailleurs où vous
pouvez croire qu'elles seroient reçues
avec empressement ; car je suis bien
aise de vous prévenir qu'il est loin

d'être habitué à des refus : ses qualités physiques et morales, le rang qu'il tient dans le monde, sont des motifs assez puissans pour qu'il ne doive pas s'y attendre. Croyez que je ne vous parle que pour votre bien, et pour celui de votre sœur : j'attends une réponse prompte et satisfaisante ; car, si le prince arrivoit, je n'oserois lui montrer celle que je viens de recevoir, et pour lors votre silence seroit sûrement mal interprêté ; si, contre mon attente, vous tardiez plus de huit jours à me répondre, je serois forcé de regarder votre silence comme une rupture, et d'en écrire au prince en conséquence ; je prendrois ce parti-là à regret : mais mon devoir m'en feroit une loi, et vous êtes trop juste pour me blamer.

Je suis, etc. — Caillot-Duval.

Réponse.

Paris, le 20 novembre 1785.

Votre lettre du 17, monsieur, me surprend beaucoup : comment avez vous pu croire que nous regardions comme un badinage des offre aussi sérieuses que celles que vous nous avez faites. Non, monsieur, je me hâte de vous désabusé : croyez que nous resentons vivement les obligations infinis que nous vous avons, et que nous savons aprécié les avantages qui doivent en résulté. Assurez le prince de notre parfait estimes et de notre profond respet. Je crois pouvoir vous répondre au non de ma sœur, (coique à son insu) quelle ne tardera pas à resentir pour son altesse un sentiment qui lui a été inconnu jusqu'à présant : c'est de quoi vous pouvez être persuadé ainsi que de ceux avec léquels je suis, monsieur votre, etc. — S... l'ainée.

P. S. Songez que vous me devez une réponse, ma lettre du 15 en demande une pour plusieurs article : oubliez les frases qui ont pu vous paroître l'ouches, l'interprétastion que vous leur avez doné est bien loin de notre pensée, et nous meriterion la rupture dont vous nous menacé si nous avions pu adopté des idées absurde et jose dire bien coupable après de telles avance de la par d'un prince ausi aimable et... ausi aimé... le mot est laché je ferme ma letre : car je lefacerois.

A Mademoiselle Saulnier l'aînée.

(Caillot-Duval révèle le nom du prince Kabardinski et fait l'éloge de son tempérament. Réponse ironique avec défiance renaissante).

Nancy, le 24 novembre 1785.

J'ai reçu avec grand plaisir, made-

moiselle, votre lettre du 20 : elle me
rassure pleinement sur mes craintes,
qui, dans le fond, étoient plus pour
vous que pour moi, puisque vous et
votre sœur y êtes les seules intéressées.

Si je n'ai pu répondre sur-le-champ
à votre charmante lettre du 18 de ce
mois, c'est que vous paroissez désirer
vivement la connoissance d'une chose
sur laquelle le consentement de son
altesse étoit indispensable. Je lui ai
écrit sur-le-champ à Strasbourg où il
étoit dans le plus grand *incognito*,
pour le lui demander. Sa réponse me
laissant le maître, je crois pouvoir
compter assez sur votre discrétion,
pour vous apprendre que mon maître
est le prince KABARDINSKI, frère du
prince HÉRACLIUS (1), dont vous
savez que la Russie a recherché l'al-

(1) La grande et la petite Kabardie sont,
en effet, des pays du Caucase où le nom
d'Héraclius fut porté dans une famille prin-
cière. — V. Kabardinski à la Table.

liance avec tant d'empressement. Sa mère est une Française dont les aventures sont un roman, que je me ferai une fête de vous raconter cet hiver au coin du feu. Sa femme lui a apporté une dot immense, et l'assurance d'une principauté en Allemagne, dont le possesseur actuel est podagre et cacochyme. Il est vrai qu'il n'hérite pas des états de son frère, mais il lui a fait un sort indépendant et très considérable. Votre extrême franchise m'engage à ne vous rien cacher. Le prince, avec un très-beau physique, a les manières un peu tartares. Que ce mot ne vous effraye pas, il est d'un caractère doux et benin, et n'a pas plus de fiel qu'un hanneton.

Je crois n'avoir pas besoin de vous recommander le secret le plus absolu sur tout ce que je vous écris, et même vous m'obligeriez de brûler mes lettres.

Ce que vous me mandez sur la

maison que vous avez louée me fait grand plaisir ; quant aux voitures et aux chevaux, puisqu'ils vous sont inutiles, son altesse, comme vous le dites fort bien, retrouvera cela en vaisselle ou en diamans.

Que votre union avec mademoiselle votre sœur mérite d'éloges ! elle est faite pour donner la meilleure idée de votre façon de penser. La tendresse que vous avez pour madame votre chère mère est encore un de ces beaux traits qui font d'autant plus d'honneur au siècle qu'ils sont plus rares. Quant à messieurs vos frères, je suis bien trompé si je n'ai pas entendu parler d'un monsieur S...... du plus grand talent sur le cistre. Si par hasard il est votre frère, il pourra être utile à son altesse, qui a le désir d'apprendre un instrument, et que nous déciderons pour celui-là qui en vaut bien un autre.

Je crois indispensable que le prince trouve à son arrivée ici une lettre de mademoiselle votre sœur, bien détaillée ; j'espère que sa santé lui permettra de l'écrire. Veuillez bien lui présenter mes hommages, et lui recommander sur-tout de cacheter la lettre pour le prince, et de l'adresser sous mon couvert, toujours poste restante ; il sera *incognito* jusques à son arrivée dans la capitale.

Vous terminez votre aimable épître par dire que si le nom du prince demeuroit inconnu, le roman seroit froid : vous pouvez avoir raison, mais je suis bien aise de vous dire que le dénoûment sera très-chaud, malgré la rigueur de la saison ; car le prince est vraiment *un payeur d'arrérages* (ne prenez pas en mal ce petit badinage), et moi je soutiens bravement l'honneur du pavillon (passez-moi je vous prie cette bouffée de tempérament).

J'ai l'honneur d'être, etc. — Caillot-Duval.

Réponse.

Paris, le 28 novembre 1785.

J'ai reçu, monsieur, dimanche dernier, votre charmante lettre, que j'ai lue trois ou quatre fois. En vérité, il faut avouer que vous êtes un homme consommé dans la galanterie, et qu'il y auroit du danger à vous voir de trop près ; mais je crois que l'on peut s'amuser, sans que cela tire à conséquence.

Vous ne me croyez pas assez dépourvue de sens commun pour me persuader que l'istoire du Prince Kabardinski ne soit une chimère. Comme j'ai *un peu* d'expérience, je ne suis pas tout-à-fait crédule ; je ne peux deviner le motif qui vous anime, les gens d'esprit cherchent toujours les occasions de faire des complimens : si cela est vous avez parfaitement réussi. J'ai cherchez une journée entière le nom du prince Kabardinski dans l'almanac, et je

suis persuadée qu'il n'existe point de
prince de ce nom ni même un qui lui
ressemble,nom plus que celui de son
frère. Je fais la réflecsion que puisqu'il a un frère souverain, ce n'est
pas à lui à payer les dettes de son
père, *au monarque aussi peu galant que
créancier exigeant*.

Ma sœur voyant la plaisanterie,
vouloit m'empêcher d'écrire, mais
moi qui suis enchantée de faire un
petit roman de toutes les jolies lettres que j'ai reçues, je comte que vos
lettre me serviront beaucoup quand
vous serez à Paris nous arengerons
cela ensemble, sans y oublier des
grand noms pour donner plus d'inté-
rest à la chose san-toutefois compro-
metre personne en un mot je suivrai
vos conseilles pour le roman tragi-
commique votre esprit, vos lumières,
votre stile coulant m'asurent du plus
grand succès pour notre livre (1).

(1) Saulnier aînée ne croyait pas si **bien**

J'ai peine a croire que le pays que vous abitez vous et vu naître, il est rare qu'en un climat si sombre il y ait des personnes d'un mérite si distingué vous resenblez plutaut à un chevalier français fidelle à sa patrie et infidelle à sa métraisce.

Il faut que son altesse croye ma sœur bien étourdie de penser qu'elle lui écrira sans avoir reçu de lettres personnelle, quoiqu'elle n'ait que seize ans, elle a la raison de quarante elle ne me resenble pas *elle ne veut pas s'amuser en idée.* Pour moi qui cherche à rire, je vous écris avec le plus grand plaisir et san chercher à aprofondir vos raisons.

Je ne suis point au fait de l'istoire de Russie voila pourquoi je ne sais point ce que vous me dite.

Malgré que je sois un peu indis-

dire. Elle ne doute d'ailleurs que dans la crainte du ridicule; son scepticisme n'est **pas complet.**

crette, je veux bien pour vous me faire violence, mais j'ai toujours envie de m'éclaircir. Ah ! c'est un grand sacrifice que je vous fais de me taire je vous pris cependant de comter sur ma discrestion. Voici ce que ma sœur dit pour le prince.

« L'on n'aime pas sans connoître, il n'y a que des grandes qualités et de grandes assurances, qui puissent déterminer un cœur qui se méfie de tout. Si le prince avoit les tendres sentimens que l'on se force de me faire croire, il m'en orait déja donné des preuves. Je ne lui en demande qu'une bien petite encore, c'est son portrait que je désirerois avoir. Je promet d'en garder le secret mes surtout qu'il m'écrive lui-même. »

Il y a une chose qui paroit bien extraordinaire, c'est que vous vous serviez d'une main étranger pour nous écrire : il me semble qu'en pareil cas l'on ne s'en rapporte qu'à soi même.

La dernier frase de votre lettre a fait *rougir* ma sœur. Moi, qui pense toujours à notre livre, je suis bien aise d'en voir le dénouement de tout cesi.

Quand au trais un peu galant dont vous termine votre lettre, j'y ajouteres que votre témoignage n'est pas tout-à-fait recevable c'est à la seule Venus à juger des prouesses de Mars.

J'ai l'honneur d'être, etc. — S..., l'aînée.

Deuxième lettre du prince Kabardinski à Mademoiselle Saulnier cadette.

(Incluse dans la suivante.)

Nancy, le 5 décembre 1785.

J'arrive dans cette ville, mademoiselle ; mon chambellan qui a toute ma confiance, m'a parlé de vous d'une manière si avantageuse, que je me rends à ses sollicitations pressantes, malgré tous les ménagemens que j'ai encore à garder : je prends sur moi de vous écrire ; je vous confirme tout ce que mon chambellan vous a mandé ; j'y ajouterai que, dans un mois au plus tard, j'aurai le plaisir d'admirer de plus près ces grâces touchantes qui sont l'objet de toutes mes pensées.

Depuis votre première lettre, vous m'avez traité avec bien de la rigueur : j'espère qu'elle va cesser et que d'ici à mon départ, nous aurons une correspondance suivie, qui sera le prélude d'une liaison qui fera le bonheur de ma vie.

Le prince KABARDINSKI.

A Mademoiselle Saulnier l'aînée, à Paris

(Caillot s'étonne de nouveau des doutes témoignés. Il insiste sur les qualités amoureuses de son prince et sur les siennes. La plaisanterie devient forte. Toutefois, sa correspondante ne clôt pas encore l'entretien).

Nancy, le 6 décembre 1785.

J'ai reçu, mademoiselle, votre lettre, que je n'ai pas eu besoin de relire trois ou quatre fois, comme vous avez fait de la mienne : je vous avoue que je ne suis pas encore revenu de l'étonnement qu'elle m'a causé. Un autre que moi jetteroit feu et flamme ; j'ai cependant un grand motif de consolation ; c'est que je vois que vous avez gardé le plus profond secret, comme je vous l'avois recommandé, car si vous en eussiez ouvert la bouche à qui que ce soit, il n'est personne qui ne vous eût appris

ce que c'est que le prince Héraclius,
de l'existence duquel vous paroissez
douter: ce n'est pas dans les étrennes
mignones (1) que vous trouverez son
nom et celui du prince Kabardinski.
Toutes les gazettes ont assez retenti
et retentissent encore du nom du
frère aîné : il y a sans doute des
Russes à Paris ; parlez-leur-en, sans
entrer dans aucun détail, et vous
verrez ce qu'ils vous en diront. Quant
au pays dont vous doutez aussi, prenez la peine d'ouvrir le tome cinquième de l'histoire naturelle de M. de
Buffon, et la page 20 (2) vous ins-
truira de ce que sont les peuples de
Kabardinski, et s'ils sont tant à dé-
daigner; selon cet auteur, et selon la
vérité, les habitans de cette contrée
sont les plus vigoureux hommes que

(1) C'est le titre du petit almanach pari-
sien où on avait cherché vainement.
(2) Kabardinski, nom de peuplade, édition de 1769,

l'on connoisse : son altesse soutient
bien la réputation de son pays.

Il vous semble extraordinaire que
le prince paye les dettes de son père,
ayant un frère souverain ; vous saurez que comme le prince Héraclius
lui a fait un sort beaucoup plus considérable qu'il ne devoit l'espérer, il
est convenu, en revanche, de liquider sur ses revenus une partie des
dettes contractées par leur père. Dans
deux ans, il sera tout-à-fait quitte ;
cela n'empêche pas qu'il ne soit puis-
samment riche, même dans ce moment-ci.

Je crois qu'il est fort heureux pour
votre sœur que vous n'ayez pas suivi
son conseil, en ne me répondant
pas.

Son altesse est ici depuis deux
jours ; je l'ai déterminée, avec bien
de la peine, à écrire à votre sœur, et
je joins ici sa lettre. Je n'ai pas osé
lui parler du portrait ; c'est une matière trop délicate pour ce moment-

ci : d'ailleurs il eût peut-être voulu voir la lettre où on le demandoit, et s'il avoit lu celle que j'ai reçue de vous, il ne seroit plus question de rien, et il eût été impossible de le ramener. Le prince, quoique doux et complaisant, est fort haut et très susceptible.

Vous faites une réflexion très-juste, que j'ai tort de me servir d'une main étrangère pour des choses de cette nature; mais rassurez-vous : mon secrétaire est si bête qu'il ne comprend pas un mot de ce qu'il écrit, et de plus, je vous évite de lire mon griffonnage, car je ne peins pas bien.

Je suis fâché que la dernière phrase de ma lettre ait présenté à votre sœur des idées un peu croustilleuses : j'éviterai de retomber dans la même faute; mais je vous dirai, entre nous, que, puisqu'elle n'aime pas à s'amuser en idée, le prince est bien son affaire, et l'amusera réellement. Quant à moi, je vous assure que je suis aussi pour les plaisirs réels et palpables : je puis dire, en toute vérité, que Vénus ne m'a jamais pris pour Mars en carême.

J'ai l'honneur d'être, etc. — CAILLOT-DUVAL.

Réponse de Saulnier aînée.

Paris, 14 décembre 1785.

Je ne puis imaginer, monsieur, que vous montrez de l'étonnement de ce que j'ai lu trois fois ou quatre fois une lettre charmante.

Tel est le charme des choses écrites avec esprit lorsqu'on les a lues, on veut les relire encore, mais malgré cela il ne faut point que l'esprit nous fasse donner dans l'illusion ; insi les graces et le stil séduisant de vos lettres n'empechera pas ma raison d'en aprécier les motifs, et d'en peser les conséquences.

Il me paroit bien étrange qu'un prince soit amoureux de ma sœur qu'il n'a jamais vue. N'est-ce pas un peu Domguichote et l'aveu le plus flatteur en pareil cas doit il paroitre sincére. Ah ! ceci à trop l'air de quelque tour d'un chevalier françois, pour que l'on puisse raisonnablement y ajouter fois que voulez-vous ! l'on fait tant de ces petites méchancetés à Paris qu'il faut bien que la méfiance et la circonspection soit notre sauve garde pour qu'on ne fasse pas des risées sur notre comte.

De plus quelque crédule et quelque simple que je fusse, comment vouderiez vous que je crusse ce que vous suposez que votre sécraiter à transcrit lui-même. En véritté, il faudroit être bien complaisant pour souxcrire à un pareil aveu. Non, non, je n'en croi rien. Vous avez fait une école en prenent ce biais pour répondre à l'obgection que je vous fis de ce qu'en pareil cas vous vous serviez d'une main étrangere. Je me rappelle que dans une comédie moderne, je lu : *Mondieu·que ces gens d'esprit sont sot.* Permettes moi de me servir *de ce passage, et vous dire, moi : Mon dieu que ces gens d'esprit sont étourdis.*

Vous me renvoyez aux gasetes et aux journaux qui doivent m'instruire du prince Kabardinski et du prince son frère. Doi·je m'imposer une tache si dure que de les parcourir tous. A la bonheur si ces gazetes et ces journaux étoient écrîtes d'un stil tel que celui de la *Nouvelle Héloïse !* De plus, la Crimée désolée tour à tour par les armes des Turcs et des Russes, prouveroit elle quelque chose en faveur du héros phantastique qu'il vous plairoit d'imaginer.

Avec tout votre esprit, monsieur le romancier, vous avez fait une école, et même je pourois en citer

plus d'une. La tête du roman alloit
bien, mais vous avez pechez par la
queue, et je vous laisse à penser si
je devois m'en appercevoir.

J'ai lu la lettre de son altesse, elle
n'est pas moins intéressante que la
votre, mais ma sœur ne peut y répondre actuelment. Elle n'est point à
Paris. Comme elle a été fort malade
elle est partie pour la campagne afin
d'y respirer un air plus salutere. Je
lui porterai la lettre, mais ce ne peut
etre avant huit jours et je songe que
dans cet intervalle je peux encore
recevoir une lettre de vous. Je la lui
enverrais, mais elle ne se détermine-
roit point à répondre si je n'étois
présente, parce qu'elle présume qu'il
en doit être de votre prince Héra-
crius *comme de celui de Cornail*. Vous
entendez ce que cela veut dire. Je
lirai M. de Buffon, quoique je n'en
puisse pas saisir toutes les beautés.
Il n'est rien que je ne fasse pour
connoitre les peuples de Kabardinski.

6

Je vous prie de dire au prince que ma sœur est à trente lieue de Paris ou elle restera une quinzaine de jours pour sa santé, elle sera sans doutte bien flattée en recevant la lettre.

Vous me marquez que vous venez à Paris, je n'ai pu voir en quel temps ; vous avez mis le cachet sur la datte et je l'ai ouverte de manier que je n'ai pû la déchiffrer. Marquez-nous S. V. P. quand vous reviendrez, et ne douttez point de l'acueil que vous avez droit d'attendre en arrivant à Paris et des sentimens avec lesquels, etc. — S... l'aînée.

A Mademoiselle S... l'aînée, à Paris

(Protestations de Caillot-Duval, qui se dit compromis par le silence de Saulnier cadette. L'aînée le console en devinant un logogriphe composé pendant sa disgrâce).

Nancy, le 25 décembre 1785.

Votre lettre du 14, mademoiselle, m'est parvenue il y a quelques jours ; je vous avoue qu'elle m'a causé le plus grand étonnement par le ton de plaisanterie qui y règne. La chose d'elle-même étoit assez sérieuse, soit par le personnage qu'elle mettoit en jeu, soit par la sincérité des aveux que renfermoient mes lettres. Le silence obstiné de votre sœur m'a forcé de montrer au prince votre réponse, pour me soustraire aux reproches dont il m'accabloit ; il en a été indigné, et, dans sa colère, il m'a tenu à peu près ce langage (les yeux hagards et l'écume sur les lèvres) : Vous êtes bien osé, de m'avoir compromis avec de pareilles caillettes (c'est son mot favori) ; vous mériteriez que je vous envoyasse à *Lodeorbarli* (1) (c'est la prison d'Etat

(1) Nous laissons aux amateurs le soin de deviner les anagrammes qui suivent ;

chez le prince, située près du Pont-
Euxin) ; je veux bien vous pardon-
ner en mémoire de vos services passés, mais vous serez un mois sans
manger à ma table, et jusques-là
vous vivrez de *codelipons* (nourriture
mal-saine) et de *chartoufedu* (boisson
exécrable). Voilà pourtant ce que
vous m'attirez, pour avoir voulu rendre service à votre sœur ; c'est une
leçon pour l'avenir. Il a terminé sa
brusque incartade par me dire qu'il
ne vouloit plus entendre parler de
vous, et qu'il se repentoit de s'être
reposé si long–temps sur des petites
perronelles (passez-moi le mot). J'ai
fait mon possible pour l'appaiser,
mais j'ai reconnu que le seul moyen,
s'il y en a un, est une lettre de votre
sœur, ou au moins de vous, adressée
à lui-même. Il n'est pas mal inten-
tionné pour vous : son plus grand
mécontentement vient de votre sœur.

celui du 10 janvier est assez clair pour
donner une idée du reste.

Si vous ne pouvez vous déterminer à écrire, votre sœur ni vous, au moins apprenez-moi si, comme je l'espère, vous m'avez gardé le secret le plus inviolable. Je serois perdu, si vous y aviez manqué. Vous voyez que mon sort est entre vos mains : mais je vous crois trop honnête pour abuser de la confiance que j'ai eue en vous. Je suis menacé, dans ce cas, du supplice des *courtousedilles*, toujours suivi de la ruine du principe générateur.

Je ne sais où vous avez pris que la Crimée étoit désolée tour à tour par les Russes et les Turcs : elle ne l'est par personne. Ces climats sont protégés par la division du prince *Bota-nipet*, qui est composée des trois régimens des *Pasteroipètes*, *Friscarpètes* et *Simmocupètes* : ce sont des troupes superbes, faciles à entamer, mais fort aisées à recruter.

Je dois entendre, selon vous, ce que c'est que le prince *de Cornail*; j'avoue,

6.

à ma honte, que c'est la première fois que j'en entends parler. Si j'avois affaire à une personne moins instruite, je croirois qu'elle a voulu dire *Corneille* ; mais ce seroit vous faire injure, que de vous croire capable d'une erreur aussi grossière.

J'attends incessamment de vos nouvelles, et je vous prie de me croire, en attendant, etc. — CAILLOT DUVAL.

P.-S. — Etant peu occupé dans ce moment, je me suis permis un petit logogryphe que je soumets à votre jugement.

> Je vaux plus de cinq sans ma queue,
> Et ne vaux qu'un avec ma queue :
> Entouré de blanc sans ma queue,
> Cerné de noir avec ma queue.
> Vous me chérissez sans ma queue,
> Vous m'adorez avec ma queue.
> Je suis en montre sans ma queue,
> Et je me montre avec ma queue.

Ce seroit faire injure à votre pénétration que d'y joindre le mot : si le

jeu vous plaît, vous n'avez qu'à dire,
vous en recevrez un par tous les
courriers. Une personne aussi instruite que vous connoît sans doute
les chiffres romains. Vous voyez que
je vous mets sur la voie.

Réponse

Paris, le 28 décembre 1785.

Quelque disposée que je fusse à
continuer la correspondance sur le
ton de plaisanterie qui semble en
effet convenir à tout ceci, sependant
le tableau touchant et pathétique que
vous m'avez fait de la situation em-
barrassante où vous vous êtes trouvé
à l'abord du prince, m'engage de
vous répondre plus sérieusement. J'ai
en vérité beaucoup de peine du mauvais traitement que vous avez éprou-
vez de la par du prince. Quoi ! pour

une bagatelle parler de prison d'Etat!
vous condamner pour un mois à ne
manger que du *codelipon*, et ne boire que
du *chartoufédu* c'est en véritté avoir un
caracter dur je vois bien qu'il ne fait
pas toujours bon de badiner avec les
princes tartares. San doute les femmes de Karbardinki accoutumées à
la dépendance à l'égard des hommes
n'ont pas encor pris le soin de poli-
ser leurs manières grossières. Je voudrois bien être plus près de vous
pour tacher d'adoucir la rigueur du
procédé de son altesse car je pense
que lorsquon fait un repas aussi mai-
gre que celui auquelle le prince vous
acondanné il n'est pas possible alors
de parler d'amour bien haud. Je
me ferois un devoir de vous visiter dans votre prison, je me charge-
roit de la fonction de votre maître
d'hôtel, votre table seroit servie sans
profusion mais avec délicatesse et le
vin de Champagne et de Bourgogne
tiendroient la place d'une boisson qui

peut-être est d'usage lorsqu'on a besoin d'observer un régime. San doute,
la diette ne convient qu'aux amans
langoureux qui ne vivent que de sou-
pirs et meurent par métaphore mais
ce doit être autre chose pour vous
à qui des circonstances facheuses ne
sauroient en lever la gaité de votre
esprit et vous empechét de faire des
logogryphes (je vous previen que j'ai
deviné le votre sur le champ et vous
n'en serez pas surpris). C'et bien fait
avous de mêler du badinage par mi
les choses les plus graves. Vous mé-
rités d'être François et je vous soup-
çonne beaucoup de l'être.

Le courroux du prince m'a causé
véritablement de la peine mais c'est
pour vous que j'ai craint. Je lui passe
très-volontiers les termes dont il s'est
servi pour nous apostropher. On voit
bien quils se sent un peu de la ru-
desse du climat qu'il habite, mais,
quand il aurat séjourné quelque tems
à Paris en devenant un prince accom-

pli, il apprendra que les manières honnaites et gracieuses dont on use à l'égard des femmes rendent leur commerce plus doux et plus agréable.

Adieu, pénitent agréable, vous allez commencer votre ramadan, je vous souhaite patience et bon courage, faites ensorte de venir au plutot participer aux amusemens de notre carvaval.

J'ai l'honeur d'être, etc. — S... l'ainée.

* * *

A Mademoiselle Saulnier l'aînée.

(Cette fois, Caillot-Duval, visiblement à bout, va dépasser les bornes de la plaisanterie. Il devient trop grossier pour qu'on puisse s'y tromper. La correspondance est close).

Nancy; le 10 janvier 1786.

J'ai reçu, ma charmante amie,

votre aimable épître du 28 ; elle m'a réconforté au point de faire hausser mes actions à un degré que je ne connaissois plus depuis ma disgrâce.

La nature, muette chez moi, s'est fait entendre avec l'énergie de mes premières années : hier encore, entièrement occupé de vous pendant mon sommeil, je me suis réveillé nageant dans une mer de délices. Non, je ne puis me persuader que cet ordre mendiant, si connu par son extérieur bizarre, ait jamais eu d'aussi bonne fortune.

Ce qui a mis le comble à ma félicité, c'est que son altesse a bien voulu oublier mes torts, et me rendre ses bonnes grâces au jour de l'an. J'ai été admis à l'honneur du *saicebul* ; c'est ce qui répond à la faveur de baiser la main : mon ordinaire a été changé ; je mange à la table du prince, et tous les jours nous nous régalons de *cagupeles*, c'est son plat favori : il répond à cette espèce d'oublies que vous appelez *plaisir des dames ;* il faut toujours les manger entiers, ou ils ne valent rien. Vous savez mieux que personne combien il est difficile de garder long-temps intacts des objets aussi délicats.

Il y a toute apparence que nous ne serons à Paris que vers le milieu de février : je me ferai un plaisir de me rendre chez vous le plutôt possible ; ma consolation, jusqu'à ce moment, sera de recevoir de vos chères lettres. Quant au prince, il ne m'a plus parlé de vous, et vous sentez que je n'ai pas été tenté de lui en ouvrir la bouche ; car j'ai encore le gosier empâté de ce vilain *chartoufedu*, et de ces maudits *codelipons*, qui ont pensé m'étrangler.

Je m'attendois à voir, dans votre lettre, le mot du logogryphe que je vous ai envoyé : dès que vous l'avez deviné, vous auriez dù me le mander ; je vous en aurois envoyé un autre. Je travaille en ce genre, sans prétention et avec facilité, je tourne aussi fort bien les compliments de bonne année et les envois d'étrennes ; ça été même l'origine de ma fortune.

J'ai l'honneur d'être, etc. — CAILLOT-DUVAL.

II

A M. Le Cat, Procureur au présidial, à Abbeville.

Caillot-Duval, débutant littéraire, demande des conseils à Le Cat, qu'il admire. Il lui offre l'examen d'un petit poème de vingt-quatre chants pour commencer et finit par lui faire espérer sa nomination d'académicien à Saint-Pétersbourg par la protection du Prince Kabardinski, auquel Le Cat, plein d'espoir, adresse aussitôt une Epitre en vers.

7

Nancy, le 23 septembre 1785.

Le conte des Grelots, monsieur, l'analyse des eaux de Fruges (1) et nombre de chansons, d'épigrammes, de logogryphes et d'amphygouris, dont vous avez enrichi le journal littéraire de Nancy, m'ont donné la plus haute idée de vos talens, et m'ont prouvé que les vers et la prose vous étoient également familiers. Je ne puis différer plus long-temps le tribut d'éloges qui vous est dû, et l'hommage de ma reconnaissance pour le plaisir que vous m'avez fait éprouver. Que l'auteur de ce journal doit se trouver heureux d'avoir en vous un *collaborateur* aussi éclairé qu'infatigable!

Avec quelle douleur n'ai-je pas vu, à la fin du quarante-unième volume d'un ouvrage dont vous paroissez faire le cas qu'il mérite (*les Contem-*

(1) Fruges (Pas-de-Calais), possède une source d'eaux minérales.

poraines), une violente sortie (1) contre un opuscule de votre façon, que
j'ai trouvé rempli de ce véritable sel
attique, si rare de nos jours ! Je veux
parler de ce logogryphe que vous
vous êtes permis, à si juste titre, sur
le nom de M. Rétif (de la Bretonne) :
je suis étonné que cet auteur ait ins-
piré assez d'intérêt pour qu'on ait pu
prendre ouvertement son parti.

Votre *Voyage d'Elégie,* inséré dans
le dernier journal de Nancy, ne m'a
point échappé : j'y ai reconnu ce
folàtre enjouement qui caractérise
toutes vos productions. Le nouveau
trait lancé contre M. Rétif m'a paru
piquant et ingénieux : j'ai été sur-
tout enchanté de la préface, par les

(1) Cette sortie venait précisément de
M. Fortia lui-même. On la trouvera dans le
volume indiqué, sous forme de lettre signée
de ses initiales et de sa qualité d'officier au
régiment du Roi. Datée du 8 octobre 1784 ;
elle malmène « l'indécence incroyable d'un
M. Lecat d'Abbeville et de son logogrife ».

idées neuves et le sens moral qu'elle
présente.

Si vos occupations vous permettent de me donner quelques mo-
mens, vos conseils ne pourront qu'ê-
tre du plus grand secours à un
jeune débutant dans la carrière des
lettres.

J'ai l'honneur d'être, etc. — CAIL-
LOT-DUVAL.

P. S. Je vais mettre la dernière
main à un ouvrage sur lequel je serai
enchanté d'avoir votre opinion.

Réponse

Abbeville, le 2 octobre 1785.

Je suis bien sensible, monsieur, à
vos éloges ; je vous prie d'en recevoir tous mes remercîments. Je sais
cependant assez m'apprécier, pour
être persuadé que je ne mérite point

les choses flatteuses que vous m'écrivez. Je ne suis que médiocrement lettré, et mon état qui prend presque tout mon temps, m'ôte l'espoir d'acquérir plus de talent.

Quoique les ouvrages de M. Rétif me paroissent susceptibles de critique, à bien des égards, j'ai peut-être eu tort de lui déclarer la guerre. « C'est un méchant métier que celui de médire. »

Si vous cultivez les lettres, gardez-vous bien, monsieur, de labourer le champ ingrat de la satire ; elle ne procure que des désagrémens.

Je verrai vos ouvrages avec plaisir, et vous dirai ce que j'en pense, sans déguisement.

J'ai l'honneur d'être, etc. — Le Cat.

P. S. Vous voudrez bien, à l'avenir, affranchir vos lettres.

7.

A M. Le Cat, à Abbeville

Nancy, le 25 octobre 1785.

C'est au retour, monsieur, d'un petit voyage, que j'ai trouvé ici votre lettre du 2 qui m'attendoit. Je suis infiniment flatté de tout ce que vous me dites d'obligeant ; je suis surtout enchanté de voir unie aux talens, cette modestie d'auteur, si rare aujourd'hui. Il seroit à désirer que tous les littérateurs du siècle suivissent un exemple aussi louable : nous verrions disparoître ces pamphlets, ces libelles injurieux, qui sont toujours le fruit d'un amour-propre déplacé. Alors régneroit cette douce harmonie, compagne du vrai mérite, qui parsemeroit de roses la carrière épineuse des lettres.

Vous trouverez peut-être que mon style se ressent un peu des lieux communs de rhétorique : je sens qu'il

n'est pas encore assez formé ; vous
me rendrez un vrai service de me
dire ce que vous y aurez trouvé de
défectueux ! J'espère profiter de vos
observations judicieuses. Je suis dé-
solé de n'avoir pu mettre encore la
dernière main à un petit poëme en
vingt-quatre chants, que je soumet-
trai à votre censure ; le titre en est :
Amusemens de la campagne (il faut
vous dire que je l'aime beaucoup).
J'y ai inséré tous les détails qui peuvent rendre ce tableau piquant ; je
n'ai passé sous silence aucun des
jeux auxquels on s'y adonne ; j'y ai
même fait entrer les échecs, le do-
mino et la dame polonaise, trois jeux
que vous savez être de la plus haute
antiquité. Si je ne craignois d'être
trop long, je vous transcrirois ici
l'épisode de la balançoire, dont j'ose
croire que vous ne seriez pas mécontent, mais, réflexion faite, j'aime
mieux vous envoyer l'ouvrage en
entier, dès qu'il sera terminé. Je

compte pouvoir le faire paroitre au mois de mars.

Dans une ville où il y a une académie, il semble qu'on devroit avoir quelques nouveautés en littérature ; mais depuis plusieurs mois on est uniquement absorbé dans l'étude d'une science qui a occupé tout Paris, et sur laquelle je serois bien curieux de connoître votre opinion ; vous me feriez plaisir de m'en parler un peu en détail, sur-tout du somnambulisme, qui me paroit être le *nec plus ultrà* de la science magnétique. Je ne vous en écrirai ouvertement que quand vous m'aurez fait part de votre façon de penser. Il a paru ici, à ce sujet, un petit ouvrage qui est devenu fort rare ; il est intitulé : *Correspondance de M. Mesmer* (1) ; si vous avez le désir de le connoître,

(1) Fortia et Boisgelin parlent ici de leur propre publication (Voir notre avant-propos) et cherchent en Le Cat une recrue pour leur petite guerre aux magnétiseurs.

je m'arrangerai pour vous le faire
passer, franc de port, et dorénavant
j'en userai de même pour mes lettres : je conçois que les littérateurs
d'une certaine volée prennent leurs
précautions, car, sans cela, ils seroient inondés d'un fatras de lettres,
ce qui seroit aussi coûteux que désa-
gréable.

J'ai l'honneur d'être, etc. — CAIL-
LOT-DUVAL.

A M. Le Cat, à Abbeville.

Nancy, le 24 novembre 1785.

L'état de dépérissement et de ma-
rasme dans lequel je me trouve,
monsieur, depuis 15 jours, m'oblige
de me servir d'une main étrangère
pour vous rappeler l'indulgence avec
laquelle vous avez bien voulu répondre à ma lettre du 23 septembre : elle

sembloit me promettre une correspondance suivie : à quoi dois-je donc attribuer le silence obstiné que vous gardez avec moi ? Vos lettres eussent fait le charme de ma solitude : depuis mon arrivée dans cette ville je vois infiniment peu de monde, et absolument personne depuis trois semaines.

Mon poëme des *Amusemens de la campagne* est tout à fait fini ; je vais l'envoyer à Paris, et je n'omettrai rien pour que la partie typographique soit bien soignée. Il y aura vingt-quatre gravures, une à chaque chant, et de plus le frontispice. Vous concevez que cet ouvrage m'entraîne dans de grands frais : mais j'espère en être dédommagé. Comme je ne veux pas cependant que vous attendiez deux et peut-être trois mois à avoir ce poëme, je vous en fais faire une copie (sans préjudice de l'exemplaire que je vous destine), et je comtpe qu'elle sera prête dans huit

jours. Je pars pour Paris, si toutefois
ma foible santé me le permet. Mon
départ est fixé au 15 du mois prochain ; et si, à cette époque, je n'ai
pas reçu de vos nouvelles, j'attribue-
rai votre silence à la multiplicité de
vos occupations, et je ne vous enverrai pas moins la copie de mon
poëme ; mais je me plais à croire que
vous ne voudrez pas me laisser plus
long temps dans l'inquiétude ; d'ailleurs je vous avoue que je serois fort
embarrassé pour vous faire passer
mon manuscrit ; la poste est une voie
très-dispendieuse, et cependant si
vous ne m'en indiquez pas une autre,
je serai forcé de m'en servir, et dans
ce cas je crains bien que le plaisir
que vous éprouverez à me lire, ne
vous dédommage pas des frais.

J'ai l'honneur d'être, etc. — CAIL-
LOT-DUVAL.

P. S. Si vous avez quelque répugnance à suivre une correspondance
qui pourroit vous devenir fastidieuse,

faites-moi la grâce de me le marquer.

Vous connoissez sans doute le poëme de l'harmonie imitative dont M. Piis (1) vient de nous régaler : je me suis permis une petite sortie sur ce poëme, que je n'ai trouvé ni harmonieux ni à imiter.

J'ose espérer que vous ne serez pas fâché d'apprendre que Sa Majesté l'Impératrice de toutes les Russies vient de m'envoyer la patente de membre de l'Académie impériale de Pétersbourg.

Réponse.

Abbeville, le 5 décembre 1785.

Votre dernière lettre, monsieur,

(1) Le 26 janvier suivant, Caillot-Duval se décidait à tenter la correspondance avec Piis, qui ne s'y laissa point prendre.

me donne de vives inquiétudes sur
votre santé ; je hâte ma réponse pour
vous prier de m'en donner des nouvelles, sans retard. Pour moi, j'allois
mieux ; mais la fièvre m'est revenue
depuis quelques jours. Dans cette
maudite saison, on a tant de peine à
se rétablir ! Je vous avouerai que vos
reproches m'en ont fait ; mais vous
avez vu, par ma dernière, combien
mes excuses ont été légitimes. Ce
sera toujours un vrai plaisir pour
moi que d'entretenir une correspondance suivie avec vous, et vous pouvez compter que quand il y aura du
retard de ma part, ce ne sera jamais
qu'aux événemens imprévus et à la
multiplicité de mes occupations qu'il
faudra l'attribuer.

Je brûle d'envie d'avoir votre
poëme : vous voudrez bien faire
remettre le manuscrit que vous
me destinez à M. Marcotte, chez
M. Brouet, procureur au parlement,
rue Mazarine, à Paris : ce M. Mar-

cotte a des occasions, toutes les semaines, pour Abbeville.

Recevez, je vous prie, mes sincères félicitations, sur la distinction flatteuse que l'Impératrice de Russie vient de vous accorder : je ne doute pas que votre poëme ne vous en procure, qui ne le seront pas moins. Quoique je ne soye d'aucun corps littéraire, et que je n'aye jamais fait de démarches à ce sujet, je ne vous dissimulerai pas que mon amour-propre seroit agréablement chatouillé, si je devenois académicien.

Je ne connois point le poëme de l'harmonie imitative, mais j'en ai toujours mal auguré. M. de Piis n'est rien moins que propre à ce genre, bien différent de celui de briller dans les vaudevilles. Ses petits opéras offrent souvent des tableaux ingénieux ; il met beaucoup de gaieté dans ses ouvrages, mais on peut lui reprocher des calembours, de mauvaises pointes, et quelquefois une gravelure trop forte. Il ne faudroit pas moins qu'un Boileau pour nous donner un bon poëme sur l'harmonie imitative, et je ne doute pas que ce ne soit avec raison que vous n'ayez fait une sortie sur celui de M. de Piis.

J'ai l'honneur d'être, etc. — Le Cat.

A M. le Cat, à Abbeville.

Nancy, le 14 décembre 1785.

Je suis infiniment sensible, monsieur, à l'intérèt que vous voulez bien prendre à ma fàcheuse situation : il m'est encore impossible de me rendre à Paris, comme je croyois pouvoir le faire ; je ne puis m'occuper de choses sérieuses, et c'est ce qui m'empêche de mettre la dernière main à mon poëme : ce qui me reste à faire seroit tout au plus l'ouvrage de quatre jours, si je me portois bien. Je vais envoyer à Paris, et faire remettre, à l'adresse que vous m'indiquez, la brochure sur le magnétisme, dont je vous ai parlé : je vous fais le sacrifice de mon exemplaire, car cet ouvrage est devenu introuvable. Je suis très-curieux de savoir ce que vous penserez de cette bagatelle ; j'y ai trouvé de l'esprit, de la gaieté et des plaisanteries neuves ; le style en est assez coulant, quoique concis ; je pense que vous ne serez pas non plus mécontent de la partie typographique.

Je vous remercie des éloges flatteurs dont vous m'honorez : si vous n'êtes membre d'aucun corps littéraire, c'est que vous n'avez fait aucune démarche pour cela ; mais il est une manière d'en faire, qui ne peut offenser votre délicatesse, et qui réussira probablement. Je n'avois pas, à beaucoup près, autant de titres littéraires que vous pourriez en

rassembler : si vous voulez essayer
de ce que je vais vous dire, je suis
persuadé que nous serons bientôt
confrères. Je suis dans la plus grande
intimité avec le prince *Kabardinski*,
frère puîné du prince *Héraclius*, que
vous connoissez sûrement de nom ;
c'est par son entremise que j'ai
obtenu le titre flatteur dont je viens
d'être décoré. Je puis compter assez
sur son amitié pour être sûr qu'il ne
refusera pas à mes sollicitations la
même grâce pour un homme de lettres présenté par moi ; en conséquence, je crois que, pour le disposer
en votre faveur, vous devriez m'a-
dresser, pour lui, une pièce de vers,
dont voici le texte, en partie. Le
prince est au mieux avec la Sémira-
mis du Nord ; sa femme, qui est une
Géorgienne, vient d'accoucher de
cinq enfants mâles, ce dont il n'y a
pas d'exemple (1) ; ils vivent tous. La

(1) Mademoiselle Saulnier n'aurait pas

8.

mère seule a conservé un léger frémissement dans les muscles zigomatiques, ce qui fait qu'elle a toujours l'air de rire. Les cinq enfants ont tous l'assurance d'une compagnie dans les volontaires de Crimée : voilà, si je ne me trompe, un canevas assez étendu. La forme de l'épître me paroît la plus convenable. Si vous avez quelques épigrammes neuves et fraîches, vous pourrez me les envoyer aussi : le prince aime beaucoup ce genre-là.

J'ai l'honneur d'être, etc. — CAILLOT-DUVAL.

laissé passer les cinq enfants ; mais l'espoir d'être académicien russe empêche Le Cat de douter du prince remarqué par Catherine II. En mars 1829, la martiale élégance des Circassiens de Kabardah était encore reconnue par le tome V d'un Dictionnaire géographique universel (Paris, Kilian. in-8.) Leurs femmes étaient non moins célèbres par leur beauté. — V. *Kabardinski*, à la table.

Réponse.

Abbeville, le 28 décembre 1785.

Je n'ai reçu, Monsieur, que le 24 de ce mois votre lettre datée du 14 : j'y vois avec peine que votre situation est toujours la même. Ménagez-vous extrêmement, surtout ne vous fatiguez point l'esprit par aucun travail littéraire. Le physique est tellement lié au moral, que, quand celui-là éprouve quelqu'affaissement, il faut laisser celui-ci dans le plus grand repos. Quels sont donc vos maux et les remèdes que vous leur opposez ?

Le vif intérêt que je prends à vous est le motif de ma curiosité ; j'ai été autrefois si long-temps souffrant et valétudinaire, que j'en suis presque devenu médecin ; du moins ai-je fait quelques études dans l'art de guérir. Vous avez, je n'en doute pas, des gens très-instruits qui vous dirigent, mais il pourroit se faire que mes conseils vous fussent salutaires, et vous savez « qu'un sot quelquefois ouvre un avis important ».

J'attends donc votre réponse à ce sujet sans retard. Comme je ne veux point vous priver de votre brochure sur le magnétisme, quand je l'aurai reçue et lue, je vous la ferai repasser, et même si votre voyage à Paris est encore différé pour quelque temps, je pourrai vous la remettre moi-même, car je crois me rendre dans cette capitale vers la fin du Carême, et ce me seroit un bien grand plaisir de vous y voir, et de trouver cette occasion de resserrer plus étroitement notre liaison, je n'ose vous dire notre amitié.

J'adopte avec le plus grand empressement le parti que vous m'offrez pour parvenir à une confraternité qui me seroit bien chère. Je sens comme vous que pour cela il faut que je rime en l'honneur du Prince, et

que l'épître en ce cas est l'ouvrage le
plus convenable ; mais je vous avouerai que ce genre n'est pas le mien. Je
n'ai fait dans ma vie que deux
épîtres, encore sont-elles très-foibles ;
vous en avez pu voir une dans le
journal de Nancy, adressée à M. l'in-
tendant d'Amiens : il est vrai qu'elle
y a parue très-défigurée, et avec des
fautes typographiques inexcusables.
L'auteur de ce journal paroit n'être
guère soigneux de corriger les épreu-
ves. Malgré mon inaptitude épisto-
laire, je vais faire mes efforts pour
tirer de mon cerveau quelque chose
qui ne soit pas tout à fait indigne
d'être présenté au prince, et ne tar-
derai pas à vous l'adresser ; en attendant, je vous envoie quelques fruits
de mes loisirs, qui n'ont pas encore
paru, à l'exception, cependant, des
trois derniers morceaux, qui ont
été insérés dans l'*Année littéraire ;*
presque tous sont dans le genre épi-
grammatique. Vous jugerez s'il n'en

trouve qui puissent être montrés au prince. Je me recommande et m'en rapporte à vous sur les moyens d'obtenir son suffrage.

Je travaillois à une parodie en vers de *Médée*, tragédie dans laquelle il y aura beaucoup de caricatures sur plusieurs autres tragédies, lorsque la maladie que je viens d'essuyer, et qui a mis un retard considérable dans toutes mes affaires, m'a obligé de renoncer pour quelque temps à tout travail littéraire. — Recevez, je vous prie, les vœux sincères que je forme pour vous, et soyez persuadé que ce n'est point l'usage seul qui les dicte, mais bien des sentiments plus nobles et plus purs. — Je vous embrasse de tout mon cœur, et suis, etc. — Le Cat.

Abbeville, le 7 janvier 1786.

Monsieur, voici mon épître au prince Kabardinski. J'aurois bien désiré qu'elle fût plus digne de lui, mais j'ai fait tout ce que j'ai pu. Vous n'ignorez pas combien ce genre est difficile, et combien il est rare d'y obtenir des succès ; il ne faut que du goût pour juger une épître, mais il faut être poëte pour en faire de bonnes, et c'est bien à cet égard que l'on peut dire : « La critique est aisée et l'art est difficile ».

Au surplus, j'ose espérer que vous voudrez bien présenter au prince mon foible essai ; muni de votre passeport, peut-être sera-t-il accueilli, et me procurera-t-il l'avantage de devenir votre confrère. Je viens d'obtenir l'assurance de la première place qui vaquera à l'académie d'Amiens, et ce seroit, lorsque j'en serois membre, une grande satisfaction de pouvoir vous y introduire. Quand votre poëme sur les *Amusements de la campagne* aura vu le jour, ce sera, je crois, le vrai moment d'agir à ce sujet : je vous indiquerai alors la marche qu'il faudra suivre. — Je n'ai pas encore reçu votre brochure sur le magnétisme ; mandez-moi si vous l'avez fait remettre à l'adresse que je vous ai donnée, et sur-tout n'oubliez pas de m'instruire de l'état de votre santé. — J'ai l'honneur d'être, avec le plus sincère attachement, etc. — Le CAT.

Epître

A SON ALTESSE LE PRINCE KABARDINSKI

Daigne, ô Kabardinski ! daigne agréer,
[l'hommage
D'un rimeur sans éclat, mais vrai dans son
[langage

Qui toujours méprisa le vil adulateur,
Et du vice insolent fut le persécuteur ;
Qui préféra le pauvre, honnête en sa misère,
Vertueux citoyen, tendre époux et bon père,
Au grand enorgueilli ; qui voit l'infortuné
D'un œil indifférent au malheur condamné ;
A cet épais Midas, qui, fier de ses richesses,
Ne prodigue son or qu'à d'infâmes maîtres-
              [ses ;
Au philosophe altier, dont le système affreux
Méconnoît tout, jusqu'à l'existence des
              [dieux ;
Au poëte sans mœurs, dont la muse fan-
              [geuse
Ne trempe ses pinceaux que dans une eau
              [bourbeuse ;
A ce magnétiseur qui veut, avec les doigts,
De Celse et de Galien surpasser les exploits ;
A cet auteur rongé des serpents de l'envie,
Qui respire la rage avec la jalousie.
S'il me falloit chanter ce peuple d'avortons,
Ma Muse briseroit aussitôt ses crayons.
Mais pour toi, prince aimable, alors que je
              [te loue,
Minerve m'applaudit, la Vérité m'avoue.
Né d'antiques aïeux, frère d'Héraclius,
Mais bien plus grand encor par tes propres
              [vertus,
Qu'il m'est doux de vanter ton nom et ta
              [naissance,
Ta magnanimité, ta noble bienfaisance !

Qu'il m'est doux, en t'offrant mon respect
[et mes vœux,
De pouvoir célébrer tes destins glorieux !
D'apprendre à l'univers que du Nord l'hé-
[roïne,
Que la Terreur du Turc, l'illustre Catherine,
Voit en Kabardinski son ami, son soutien,
Le père du soldat comme du citoyen.
Cette auguste amitié est un éloge insigne :
On ne peut l'obtenir à moins qu'on n'en
[soit digne.
Mais quand la Vérité dirige mon pinceau,
Quand le feu qui m'anime est pris à son
[flambeau,
Je vois, parmi les faits qui forment ton
[histoire,
Des faits que nos neveux pourront à peine
[croire,
Lorsque Clio dira, dans la suite des temps,
Que ton épouse un jour te donna cinq
[enfants,
Cinq mâles, pleins de vie, et que leur sou-
[veraine
Alors de chacun d'eux a fait un capitaine.
Quand, par un monument des peuples
[révéré,
Ce prodige inouï deviendra consacré,
En admirant un trait si rare et si fameux,
L'on marquera ta place au rang des demi-
[dieux.
Tu réaliseras tous les exploits d'Hercule.

Puisse, dans l'avenir, ce trop foible opuscule
Prolonger sa durée, à l'abri de ton nom !
Puisse-t-il, avoué du dieu de l'Hélicon,
Près de toi reposer au temple de Mémoire !
Un sort aussi flatteur suffiroit à ma gloire.

Le CAT, *à Abbeville.*

III

A Mme de Launay, rue Croix-des-Petits-Champs, à Paris.

(Caillot-Duval propose deux nièces à Mme de Launay (1). Celle-ci craint avant tout la police. On le voit bien aux *paquets* dont elle s'obstine à parler).

Nancy, le 4 novembre 1785.

Des circonstances particulières, madame, viennent de m'amener deux

(1) Cette entremetteuse connue servait de plastron aux libellistes. On en trouve

nièces âgées de quinze et de dix-sept ans. La première est tout à fait

des preuves dans les Mémoires de Bachaumont (1779, 31 décembre ; 1787, 18 et 21 juillet.) La première est une annonce simulée : « *Maisons et appartements à louer.* Petit appartement au 5ᵉ en siamoise, à troquer contre un appartement au 1ᵉʳ en damas de trois couleurs. S'adresser à Madame Sainte-Marie, ouvrière en tours de lit, rue de la Nouvelle-Halle, ou chez Madame de Launay, rue des Petits-Champs, où elle travaille à la journée ».

La facétie est du genre banal, mais celle du 18 juillet 1787 est méchante sinon calomnieuse. « On parle d'une réclamation imprimée de Madame Kornmann contre le mémoire fictif répandu en sa faveur, qu'on attribue à M. Suard, et en conséquence il court une autre facétie : c'est une lettre non moins fictive d'une Madame de Launay, appareilleuse très renommée de cette capitale, à ce membre de l'Académie française. On croit reconnaître, dans celle-ci, la main du sieur de Beaumarchais qu'on sait en vouloir à la mort à M. Suard et d'ailleurs être très lié avec la dame de Launay. On assure même les avoir vus ensemble, il n'y a pas longtemps. »

Les autres nouvelles données par les

neuve : la seconde n'a eu qu'une fai-
blesse avec un capitaine de hussards
au service de l'empereur ; cette première inconduite lui a fait perdre la
tête et abandonner précipitamment
la maison paternelle ; elle a persuadé
à sa sœur de l'accompagner ; celle-ci
s'y est déterminée d'autant plus aisé-
ment qu'elle était fort gênée chez ses
parents, et que son cœur lui parloit
déjà assez haut. Quant à moi, que
différents événements ont forcé de

Mémoires montrent que la police finit par
s'en mêler. On le comprend en lisant la fin
de cette lettre simulée, adressée à l'académicien Suard :

— « Je vous offre, monsieur, de vous fournir dans le nombre des demoiselles qui sont
sous mes ordres, celle qui vous conviendra
le mieux. Vous en userez gratis. Je sais
très bien qu'un académicien jetonnier n'est
pas dans le cas de faire beaucoup de libé-
ralités aux femmes. Je suis, etc. De Launay,
rue Croix-des-Petits-Champs, au grand bal-
con. — Ce 14 juillet 1787.

— P. S. Il vient de m'arriver une jolie
Lyonnaise ».

9.

quitter mon pays (Philisbourg en Allemagne), je suis établi ici où j'exerce, dans le plus grand incognito, une profession qui m'est assez lucrative. Soit dit entre nous, j'ai la pratique de tout le parlement et des principaux officiers du régiment du Roi, tous riches seigneurs. Cependant, je crois que les deux personnes dont je viens de vous parler sont des morceaux trop friands pour ce pays-ci, et qui ne seroient pas payés leur valeur. Il faut vous dire qu'elles sont d'une famille honnête, et que l'on n'a rien négligé pour leur éducation ; elles ont seulement un peu de peine à parler le français. Ce seroit le lot de deux princes allemands ; je suis sûr qu'elle feront la plus grande sensation dans la capitale. Quoique sœurs, elles offriront à côté l'une de l'autre le contraste le plus piquant. La jeune est d'un blond qui n'a rien de fade, la plus belle peau (comme toutes les Allemandes), les yeux bleus, la plus jolie gorge possible, et, ce qui vous étonnera peut-être, un très joli pied ; je crois qu'elle pourroit faire une charmante danseuse. L'autre est une superbe femme : de grands yeux noirs, la plus belle bouche ; et, ce qui est du meilleur augure, la raie de mulet (1). J'espère que par vos soins sa première et unique faute sera réparée de façon à ne laisser aucune trace. Je n'entrerai pas dans d'autres détails. Vous en jugerez par vous-même.

Je vous les enverrai comme à une de mes amies ; elles ont à peu près 60 louis d'argent comptant et sont assez bien nippées. Elles sont si neuves qu'il faudra user de beaucoup de ménagemens pour ne pas les effaroucher. J'espère, madame,

(1) *Raie de mulet* se disait d'une nuque fort garnie de cheveux, lorsque les dernières racines simulent une raie au-dessus du dos.

que notre correspondance n'en restera pas là ; nous pouvons réciproquement nous être utiles. Je compte
sur votre discrétion, et j'attends vo·
tre réponse pour les faire partir.
Aussi bien ai-je trouvé une voiture
de renvoi; si votre intention est,
comme je le pense, qu'elles aillent à
Paris, vous voudrez bien leur rete-
nir, dans votre voisinage, un appar·
tement décent, de trois à quatre
louis par mois. — J'ai l'honneur
d'être, etc. — CAILLOT-DUVAL.

Réponse

Paris, le 11 novembre 1785.

Monsieur, si la marchandise que
vous ma noncé dans votre dairnier
letre est aussi bonne que vous le dite
vous pouvé les envoyé par la premier comodité je vous en débiterai.

Sil i a quelque chosse dans nautre
ville qui vous soit agreable, je vous
prit de ne point mépargné.

---

*A Madame de Launay, rue Croix-des-
Petits-Champs, à Paris*

Nancy, le 14 novembre 1785.

J'ai reçu, madame, une lettre de
Paris en date du 11, que je soup-
çonne venir de vous ; on me mande
d'envoyer la marchandise que j'ai
annoncée ; mais comme cette lettre
n'est pas signée et que ce pourroit
être une supercherie, je ne crois pas
devoir m'y fier ; or, avant de faire
partir *mes deux paquets*, je désire
savoir vos intentions d'une manière
plus positive ; et puisque vous avez
de la répugnance à signer votre
nom, pour que je sache à quoi m'en
tenir, il faudra signer un nom en

l'air, et qui ne soit pas commun, comme, par exemple, Copernic ou Ticho-Brahé.

Répondez-moi tout de suite, car on me persécute ici, et j'ai peur qu'on ne découvre le pot aux roses; vous savez à quoi je serois exposé et vous connoissez les sollicitudes du métier. J'en ai devant les yeux un exemple terrible : c'est un malheureux jeune homme d'une famille honnête qui s'est promené hier dans les rues de la ville, tenant en main une bride d'un nouveau genre, et qui a essuyé le châtiment accoutumé, au grand contentement de l'assemblée qui rit toujours à ces sortes d'exécutions (1). Voilà les hommes : ils nous trouvent très bons pour leur être utiles, et ils nous abandonnent dans l'adversité. Quelle injustice ! et

(1) Les entremetteuses étaient promenées sur un âne, le visage tourné du côté de la queue, qu'elles étaient obligées de tenir en mains pour ne pas perdre l'équilibre.

à combien de réflexions morales cela ne porteroit-il pas ? Mais laissons ces idées tristes : continuons à faire le bien, à soulager l'humanité souffrante ; moquons-nous des sots et prenons leur argent. — J'ai l'honneur d'être, etc. — CAILLOT-DUVAL.

Réponse

Paris, le 21 novembre 1785.

Monsieur, vous ne devé poin douté des deux paques que vous avé à envoyet avec une laitre de votre part que les deux paques me seront remis, vous pouvé aitre persuadé que je meteré toute mes atansion que je les plaseré pas loin de ché mois, je suis ennatandans votre réponse. — Jé lhonneur d'aitre votre tres humble. — DE COPERNIC.

IV

*A **M**. Soudé, rue Dauphine, à Paris*

(Caillot-Duval a parié cent louis que
M. Soudé lui ferait une botte sans coutu-
res. M. Soudé ne dit pas non, mais il
n'a pas le temps. On sent bien pourquoi).

Nancy, le 4 novembre 1785.

J'ai cru, monsieur, que dans une
affaire aussi importante que celle
dont il s'agit, je ne pouvois mieux
m'adresser qu'au phénix des bottiers
de la capitale. Je sais que vos talents supérieurs vous ont mérité
l'honneur de botter notre souverain
et son auguste moitié. Veuillez bien
me donner un éclaircissement sur
une chose qui, en intéressant beaucoup ma bourse, intéresse aussi votre réputation. Un maître bottier de
cette ville vient de faire une paire de
bottes sans couture, qui a fait l'ad-

miration de toute cette contrée. Il a prétendu qu'aucun bottier de Paris n'en ferait autant. Plusieurs officiers de la garnison, surpris d'une découverte aussi merveilleuse, au premier abord, ont abondé dans son idée, et ont offert de parier cent louis. Moi qui suis persuadé que tout ce qui se fait en province doit se faire à plus forte raison à Paris, j'ai tenu les cent louis sans hésiter : faites-moi le plaisir de me mander si vous vous croyez capable d'en faire autant ; si vous l'êtes, comme je n'en doute pas, et que mes adversaires ne s'en rapportent pas à votre lettre, je vous écrirai pour lors de m'en faire une paire ; et, pour couper court à tout, si vous pouvez avoir une attestation des syndics de votre corps qui assure la chose possible, cela suffira. — Je suis, etc. — CAILLOT-DUVAL.

Réponse

Paris, le 9 novembre 1785.

Monsieur, c'est pour répondre à la lettre que vous m'avez fait l'honneur de m'écrire en date du 4 du courant. Je pourrois bien vous faire des bottes comme vous paroissez en désirer, mais mes occupations sont si multipliées dans cette saison que je ne pourrois m'occuper de cet objet, car j'ai à fournir toute la maison du Roi. — J'ai l'honneur d'être. — SOUDÉ.

V

*A M. de la Roche (1), gouverneur de la
ménagerie, à Versailles.*

Nancy, le 14 novembre 1785.

Les nouvelles expériences, monsieur, qu'on a projetées sur la géné-

(1) M. de la Roche était un personnage
plus important que la suscription ne le ferait
supposer. On le verra par la seconde note
p. 115. De plus il paraît avoir été un acteur de société des plus appréciés à la
Cour. Sa statuette fait partie d'une très
curieuse collection de biscuits conservés à
la manufacture de Sèvres et au Théatre
Français où elle figurait en compagnie de
l'acteur Volange dans le rôle de *Jeannot,*
de Préville dans le rôle de *Figaro,* de Pois-
son dans celui de *Crispin.* La comédie de
société était en honneur à la Cour de
Louis XVI et peut avoir aidé à l'avance-
ment du capitaine nommé lieutenant-
colonel en 1780. Son titre de gouverneur
de la Ménagerie s'enjolive aussi de plu-

ration artificielle, ne pouvoient être
confiées en de meilleures mains. Peu
de personnes doivent se flatter d'être
aussi intelligentes et aussi versées
que vous dans la connoissance des
animaux. C'est à ce titre que notre
auguste monarque s'est reposé sur
vous du soin de leur éducation, nu-
trition et conservation. Je viens,
d'après les principes de l'abbé ita-
lien (1) qui nous a démontré si clai-
rement la possibilité de procréer des
êtres par une injection de semence
conservée, de faire moi-même l'expérience sur une chienne noire et
blanche, âgée de trois ans ; je ne crois
pas inutile d'observer qu'elle est
pleine d'intelligence, et d'une consti-
tution très-libidineuse. Je vous ferois

sieurs façons. De concierge, il n'en est plus
question ; on le qualifie Commandeur et
même Surintendant des basses Cours. On
va voir qu'il y avait peut-être une survi-
vance dans ce cumul apparent.

(1) L'abbé Spallanzani.

bien ici deux observations, mais je
passe rapidement à une troisième
que je crois plus intéressante. Je
vous prie de vouloir bien me mander
les procédés dont vous vous êtes servi, vu que les miens ont été insuffi-
sants. Quoique je n'aye pas l'honneur de vous être connu, un de mes
amis m'a assuré que je pouvois m'a-
dresser à vous en toute confiance :
j'espère que vous ne désapprouverez
pas ma démarche, qui ne tend qu'au
progrès de la science. J'ai toujours
fait mon étude de l'histoire naturelle : la partie de la génération est
celle que j'ai le plus approfondie ;
j'ai même composé sur ce sujet un
petit ouvrage que j'ai envoyé à une
académie dont je suis membre, et je
n'attends que sa réponse pour le
rendre public : je vous en ferai passer un exemplaire si vous voulez
bien me le permettre. — J'ose croire
que vous voudrez bien me dire où en
sont vos opérations et si vous espé-

rez réussir. Avouez, monsieur, que
cela seroit bien commode pour faire
des enfants par lettre. Permettez-
moi cette petite saillie de gaieté et
pardonnez-moi les petites incorrec-
tions de style que vous pourrez trouver dans cette lettre : je ne suis pas
encore bien familier avec la langue
française que je ne parle que depuis
un an. — j'ai l'honneur d'être, etc.
— CAILLOT-DUVAL.

Réponse

Paris, le 24 novembre 1785.

Votre chère lettre du 14, monsieur, m'a été envoyée de Versailles ;
j'étois venu ici pour lever une demi
aune de toile chez ma marchande,
au Palais Royal, nº 40 (1). Je ne con-

(1) M. de la Roche se livre ici à une facétie autorisée par le genre de la communi-

nois que par ouï-dire les expériences dont vous me parlez : je les trouve très curieuses ; mais je vous avoue que j'ai peine à me persuader qu'elles soient réelles. J'ai approfondi autant que personne tout ce qui a quelque rapport à la génération ; et dans ce genre-là j'ai toujours été fort peu curieux de l'artificiel : ainsi n'en parlons plus.

cation qui lui est faite. Sa marchande vendait de l'amour comme on s'en doute. L'*Almanach des Demoiselles de Paris pour* 1792 révèle le nom de deux locataires du n° 40 : « Louisette, figure mignonne... un bol de punch et 6 livres. — Saint-Pré, minois piquant, bien faite, très petite, fraîche, beaux yeux... 3 livres ». Si elles n'étaient pas encore là en 1785, il est probable que le n° 40 avait déjà un personnel du même genre.

Cette réponse m'avait d'abord fait craindre quelque contre-mystification. Elle était faite sur le ton facétieux, ne relevait point le titre de gouverneur de la Ménagerie, et se trouvait datée de Paris. Mon confrère de Versailles, M. Taphanel, m'avait appris

Je suis en effet plus à portée que personne de faire des expériences sur les animaux, ayant à ma disposition tous ceux qui composent la ménagerie de notre auguste souverain. Vous me faites naître l'idée de m'en occuper. Dès que je serai de retour dans mon gouvernement, je mettrai la main à l'œuvre et ce sera avec le plus grand plaisir que je

d'autre part que la Ménagerie de Versailles n'avait qu'un concierge et (pas de gouverneur). Il est vrai que ce concierge avait été M. De la Roche sous Louis XIV, mais on ne trouvait pas trace de ses successeurs. J'en étais là lorsqu'une recherche de M. Arthur Chuquet aux Archives de la guerre dissipa tous mes doutes. Un Simon Texier de la Roche commanda en effet en 1778 les compagnies de sous-officiers invalides détachées à Versailles et à Marly-le-Roy ; on le fit même lieutenant-colonel sur place le 30 septembre 1780, treize ans après son entrée à l'Hôtel des Invalides comme lieutenant (il avait eu un bras cassé à Minden). Le 2 mars 1791, il passa maréchal de camp.

vous communiquerai mes découvertes : ainsi n'en parlons plus et croyez-moi, monsieur, votre dévoué serviteur. — LA ROCHE, *chevalier de l'ordre royal et militaire de Saint-Louis.*

VI

A M. Lefort, rue Saint-Jean-de-Beauvais, à Paris

(Joueur de flûte et de hautbois, Caillot-Duval demande à se perfectionner sous la direction du professeur Lefort, qui ne recule pas devant la perspective d'une leçon d'une heure par jour pendant deux ans ; il en paraît quelque peu illuminé).

Nancy, 27 novembre 1785.

Devant bientôt aller faire un petit voyage dans la capitale, mon cher monsieur, j'ai pris des renseigne-

ments sur les virtuoses dans les deux
instruments que je cultive. On m'a
assuré que vous aviez perfectionné
la flûte et le hautbois, et que le basson prenoit sous vos doigts toutes les
inflexions de la voix humaine : je
vous avouerai franchement que je
ne connois aucunement ce dernier
instrument, et je ne croyois pas que
le pincé de l'anche pût s'accorder
avec le pincé de l'anche du hautbois, ou avec l'embouchure de la
flûte, que vous n'ignorez pas être
parfaitement opposée. J'en viens au
fait : je compte être à Paris au mois
de janvier, et j'y passerai au moins
deux ans. Je désirerois que vous me
donnassiez une heure dans la journée, depuis neuf heures jusqu'à
midi, à votre choix. Je ne suis pas
d'une très-grande force, mais je fais
bravement ma partie dans un con-
cert de province, et je donne hardi-
ment le *ré* sur le hautbois, et le *sol*
sur la flûte. Je ne vous en dirai pas

davantage pour cette fois-ci : vous saurez seulement que, n'ayant pas l'avantage de vous connoître, je m'adresse à vous parce que des officiers de la garnison, qui ont pris de vos leçons, m'ont fait votre éloge.

J'attends votre réponse pour savoir quelle est l'heure que vous pouvez me donner. Vous mettriez le comble à mes vœux si votre plume se permettoit quelques petits détails concernant les principes que vous avez adoptés, et votre méthode d'enseigner. Dès l'instant que j'aurai reçu votre lettre, je vous manderai où je dois loger ; ce sera, à vue de pays, du côté de la rue du Paon. — J'ai l'honneur d'être, etc. — Caillot-Duval.

Réponse

Paris, le 29 décembre 1785.

Des objets qui m'occupe et intéres-
seront l'UNIVERS au-delà de toute
attante, ayant forcés le retard de la
présente, permettez, mon cher monsieur, qu'en attendant par LOUIS
SEIZE ou de DIEU toutes choses! ainsi
quelles sont arrêtées dans les décrets
de cet ETRE incréé comme puissan-
tissime et juste dans toutes ses oppe-
rations faite par qui et comme il lui
plaît; permètez dije quen repondant
a l'honneur de la votre! je vous
donne avis que j'atens aussi votre
arrivez à Paris, pour et d'apres ice-
lui, pouvoir prendre l'heure avec
vous, dans ceux que vous me don-
nez aussi honnètement qu'utilement!
attendu qu'outre mon état et des
affaires personnels, je continues de
remplir une MISSION ! qui sera favo-
rable non seulement aux corps, mais

aux AMES : dès que je seré informez
de votre arrivez sachant votre adresse à Paris et quand je pourrez me
rendre chez vous ; comme le maitre
choisit et le MAITRE de qui ne l'est
pas, faisant le mal à son semblable.

Quant à l'adoption de mes principes ainsi que ma méthode d'enseigner, une seule réflexion pouvoit
vous mettre à lieu de voir que c'est
en opérant lors des leçons et ques-
tions (souvent très-nécessaires à
faire), que vous pourrez connoître !
si je suis le maître que vous désirez
trouver pour cette petite partie de
l'agréable ! comme je serés de CELUI
de celle du plus grand utile ; ce qui
me fait conclure qu'il est sage d'en
appeler à l'expérience ; comme à
l'évidence.

Conséquemment et vu cet appel :
je n'ai plus rien pour le présent à
vous dire, sinon que je vous prie
comme étant aussi sensible que, re-
connoissant de faire mes remercie-

ments à ces messieurs (officiers de la garnison), qui vous ont parlé de moi, ainsi que vous me le rapportez dans votre lettre ! le fesant tel, je le requier, et comme il convient, ce sera obliger celui qui a l'honneur d'être votre, etc. — LEFORT, *professeur et maître de musique pour le hautbois, la flûte et le basson.*

VII

A M. L'Heureux de Chanteloup.

(Caillot-Duval annonce qu'une chouette et un loriot accouplés lui ont donné une pie et un moineau. Sans vouloir paraître surpris, on lui répond vaguement.)

Nancy, le 13 décembre 1785.

L'excellent ouvrage que vous venez de mettre au jour, monsieur, sur le Serin et le Rossignol, m'engage à vous demander votre avis sur un phénomène dont je viens d'être témoin. Fort amateur, dès l'enfance, de tout ce qui concerne l'oisellerie, j'ai voulu tenter quelques petites expériences, qui sont, comme vous savez, le seul moyen de propager la science : j'ai donc mis ensemble en cage un loriot et une chouette ; à mon grand étonnement, ces deux oiseaux se sont accouplés : il en est venu deux œufs qui, ayant été couvés par la mère, ont produit, chose étrange ! l'un un moineau à gros bec, et l'autre une pie. Le père, la mère et les enfans se portent à merveille et ne font qu'une même famille. Veuillez bien m'expliquer un événement aussi inattendu. Ne sachant point votre adresse, j'envoie ma lettre à M. Fournier, votre libraire, qui vous la fera passer. — J'ai l'honneur d'être, etc. — CAILLOT-DUVAL.

Réponse.

Paris, le 19 décembre 1785.

Je reçois, monsieur, votre lettre. Le phénomène dont vous me parlez est en effet très extraordinaire; mais depuis que je me suis adonné à la connoissance des oiseaux, j'ai été témoin de tant de choses surprenantes que je suis moins étonné qu'un autre de tout ce qui peut arriver dans ce genre. Obligez-moi de suivre exactement cette expérience, et de m'en écrire en détail : observez surtout si les nouveaux nés ont des plumes de couleur tranchante à l'aile gauche, et si la pie fait plus de bruit aux approches du père qu'à celles de la mère : dans ce dernier cas, j'ose vous assurer à l'avance que vous ne la conserverez pas jusqu'au printemps. — Mille remercîments, monsieur, de la confiance que vous voulez bien me témoigner : elle me flatte beaucoup;

je vous prie d'agréer les expressions de ma reconnoissance et de me croire bien sincèrement votre, etc.

VIII

*A M. Chaumont, perruquier,
rue des Poulies, à Paris.*

(Caillot-Duval lui confie que des mésaventures amoureuses le forcent à commander une perruque et six toupets. Mais l'artiste prudent n'accepte que le septième de la commande. Et encore! Pas d'argent, pas de toupet!)

Nancy, le 13 décembre 1785.

C'est toujours avec une nouvelle admiration, mon cher monsieur, que je lis dans le Mercure, ce messager des dieux, ces découvertes merveilleuses qui doivent immortaliser notre siècle et l'élever au dessus de tous les

11.

siècles à venir : quant aux futurs
vous me dispenserez d'en parler.
Pour vous dire donc ce dont il s'agit,
je vais entrer en matière, mais
motus, motus, motissimus !

Je me vois forcé de vous avouer
que, dans ma dernière campagne,
j'ai passé quelques mois au quartier
dans un bourg où la toile étoit à
grand compte. Me trouvant un jour
chez une jolie marchande, j'ai voulu
en lever une demi-aune (1), mais ô
ciel ! je ne puis y penser sans frémir,
j'ai reçu... le dirai-je ? un coup de
pied de Vénus, qui même (soit dit
entre nous), a rué en vache. Cette
cruelle atteinte a attaqué ma cheve-
lure, jusques dans les racines les
plus profondes ; enfin, elle est tom-
bée : trop jeune encore pour prendre
perruque, je m'adresse à vous avec
confiance. Vos merveilleux toupets

(1) Caillot-Duval place ici la facétie que
lui avait écrite le 24 novembre M. de la
Roche.

peuvent seuls me rendre ma gloire première et mon premier état : veuillez bien m'en préparer six, et me prévenir quand ils seront faits. Cependant je me détermine à prendre, pour les dimanches, une perruque à bourse ; mais il faut qu'elle soit faite à l'air de mon visage ; et pour vous donner les plus grandes facilités, en voici la description : j'ai le front moins long que large, le nez vraiment romain, les yeux vifs, fort animés quand je suis en colère ; la bouche vermeille, très ouverte quand je crie bien fort ; les dents très blanches, la mâchoire entière, à l'exception d'une molaire dont je me suis séparé peu avant ma maladie. Cela doit suffire à un homme aussi éclairé que vous. — Ne me faites pas attendre votre réponse, et adressez la moi poste restante. — J'ai l'honneur d'être, etc. — CAILLOT-DUVAL.

Réponse.

Paris, 24 décembre 1785.

Monsieur, j'ai reçu la lettre que vous m'avez fait l'honneur de m'écrire concernant le toupet que vous me demandé ; je peut vous l'envoyer tel que vous le désirez il ne s'agit plus que de savoir si le prix vous conviendret. — J'ai l'honneur de vous prévenir auparavant de vous le faire tenir que je ne péut pas le faire à moins de **21** liv. y compris les batons de pomade attractive qui est de **3** liv. je vous observerai, monsieur, que je fais payer ici à Paris mes toupets **24** liv. et **30** liv. Je vous envoie cy joînt un model de votre front (1) que vous presenteray et que vous decouperay à l'air de votre visage dans votre gout envoyer la

(1) Ce modèle était un morceau de papier coupé en rond.

couleur de vos cheveux, dire si vous
en avez face sur les tempes, et derrière, et autres observations, etc. Il
faut commencer par un toupet avant
d'en faire d'autre ne faisant point de
perruques étant beaucoup plus diffi-
ciles à réussir éloigné et sans aucune
mesure je vous prie de m'indiquer les
personnes qui me remettront l'argent, et à qui je remettrai en même
temps le toupet. — J'ai l'honneur
d'être, etc. — CHAUM...

IX

A M. Aubert, organiste à Nancy (1)

(Caillot-Duval lui demande des rensei-
gnements en termes si tendres pour Madame Aubert que le mari se croit obligé de
défendre sa vertu).

(1) Cette lettre avait été envoyée à Paris
pour être mise à la poste.

Paris, le 19 décembre 1785.

Un de mes proches, qui arrive de Nancy, mon cher monsieur et bon ami (passez-moi cette expression familière, indice certain d'un cœur sans fard), m'a raconté à son déguêtré (notez qu'il est venu par le coche), une petite aventure qui vous est arrivée depuis peu ; elle vous fait beaucoup d'honneur dans le public ; mais je vous avoue qu'elle m'a paru si plaisante que je voudrois en savoir par vous même les détails. Je veux parler de ce chevalier de Saint-Louis qui est venu sans y être invité, partager votre rôti, avec vous et madame votre épouse. Je crains bien qu'elle ne m'ait oublié ; je ne me rappelle jamais sans une douce émotion, les petits repas que nous avons pris ensemble sur le verd gazon ; là couchés mollement sur des tapis de verdure, le gazouillement des eaux et le murmure des oiseaux nous rap-

pelloient ces petites bucoliques du
poëte Mantouan, qui s'est immorta-
lisé par les beaux discours sentimen-
taux qu'il a mis dans la bouche de
Tityre. Mais, hélas ! (et heureuse-
ment pour vous) nous étions encore
dans cet âge, où si le cœur parle, au
moins est-il dans l'impossibilité d'a-
gir.

J'ai passé le plus fort de ma jeunesse, c'est-à-dire jusqu'à douze ans
à Nancy ; je me rappelle toujours
avec attendrissement ces lieux ché-
ris, où je n'ai connu que l'innocence,
où je me nourrissois des mets les
plus frugaux, si ce n'est pendant les
carnavaux, où je passois sans cesse
de régaux en régaux : enfin, fixé
dans la capitale, attaché indissolu-
blement à un corps respectable, je
profiterai de la première occasion
pour voler dans vos climats, qui retentissent si mélodieusement sous
les touches bruyantes, mais moël-
leuses, que vos doigts nerveux, mais

souples, agitent d'une manière non moins séduisante que relevée ; je ne vous en dirai pas davantage, ce sera pour ma prochaine lettre. J'espère que notre correspondance n'en restera pas là.

Je compte que vous aurez la bonté de m'éclaircir au plus tôt le fait principal de cette lettre. J'ai fait un pari que votre réponse décidera. — J'ai l'honneur d'être avec attendrissement, mon cher monsieur et bon ami, votre, etc. — CAILLOT-DUVAL.

Réponse

Nancy, le 24 décembre 1785.

J'ai reçu votre lette du 19, monsieur, et je suis étonné qu'un évènement aussi simple ait pu se répandre jusques dans la capitale ; c'est tout uniment un chevalier de l'ordre royal et militaire de Saint-Louis qui est venu chez nous à l'heure du dîné, et s'est mis à table avec nous (1). Je le croyois invité par mon épouse, et mon épouse le croyoit invité par moi : ce n'a été qu'au moment de sa sortie que nous avons pu nous expliquer, et que nous avons vu que nous ne le connoissions ni l'un ni l'autre. Quant à mon épouse, elle ne se souvient pas du tout de vous, ni des promenades que vous prétendez avoir fait autrefois avec elle. Je ne sais quel a été votre but en m'écrivant tous ces détails ; mais sa réputation est trop bien établie pour qu'on puisse rien croire de fàcheux sur son compte, et si vous avez cru me donner de la jalousie, vous vous êtes trompé ; je vous prie, par la

(1) « Ce chevalier de Saint-Louis n'était autre que M. Fortia de Pilles », (dit Pau Lacroix dans *le Pays* du 6 mai 1855). Je le cite sous toutes réserves; et pour cause. Voir la fin de l'Avant-propos.

12

suite, de me faire grâce de lettres
pareilles, vous obligerez celui qui a
l'honneur d'être, monsieur, votre,
etc. — AUBERT.

X

*A M. Berthelemot, confiseur, rue Vieille-
Boucherie, n° 6, à Paris*

(Conseils orthographiques, offre de poé-
sies inédites pour bonbons, craintes mani-
festées au sujet des bonbons à bijoux et
du bonbon d'amour. Le confiseur rassure
Caillot-Duval et ne recule même pas devant
les tragédies de son portefeuille « sucré ».
Le mot est heureux).

Nancy, le 11 janvier 1786.

Je ne vous cacherai pas, mon cher
monsieur, que l'art de la confiturerie
n'a jamais été porté si loin que de
nos jours. Les sublimes découvertes

dont vous enrichissez sans cesse cette partie si intéressante pour le palais, m'engagent à vous faire part de l'effet qu'a produit votre prospectus au cabinet littéraire de cette ville ; mais comme je me pique aussi de réussir dans la partie littéraire de la sucrerie, je vais me permettre, à ce sujet, quelques réflexions que vous pardonnerez, à ce que j'espère, à un amateur zélé de tout ce qui concerne le pastillage, le papillotage (dont vous ne parlez pas) et le marronage.

D'abord, je vous avouerai franchement que je n'ai point l'honneur de connoître le *Minautore*, mais seulement le Minotaure et que le royaume de Crète ne s'écrit point comme une crête de coq. Dans les quatre bonbons de votre invention, le premier, dites-vous, amusera sans offenser, et divertira sans déplaire ; ce ne sera pas là un grand miracle, et si le bonbon est nouveau, au moins son effet ne l'est-il pas ; car s'il offense ou déplaît, il n'amusera, ni ne divertira.

Le bonbon d'Alger, qui rappellera un souvenir qui peut tourner au profit des malheureux, me feroit croire que son produit est destiné au soulagement des captifs ; si cela est, je m'engage à en prendre jusqu'à la concurrence de trois livres de France, pour laquelle somme je compte en avoir au moins deux livres, le sucre étant fort diminué de prix depuis la paix. Pour que ce paquet m'arrive franc de port, vous pourrez le remettre à mon bon et respectable ami M. Barth, clerc de M. de la Reynière, avocat, place Louis-Quinze : comme nous avons un petit compte ensemble, il se fera un véritable plaisir de me faire cette légère avance. Vous me rendriez un service essentiel d'ajouter à ce petit envoi un recueil de vos devises, et une de vos pistaches à la portugaise que vous prétendez inimitables.

J'avois envoyé à M. Duval, rue des
Lombards, un détail des différentes
pièces qui composent mon porte-
feuille sucré, telles que chansons,
madrigaux, ballades, triolets, ron-
deaux, sonnets, élégies, idylles,
stances, épigrammes ; le tout en six
langues. Je lui avois offert de plus
deux tragédies, partagées en soixante-
dix morceaux, et des airs de danses ;
il a accepté le tout pour l'année prochaine, ayant été, dit-il, prévenu
trop tard pour celle-ci. Je vous avoue
que j'ai de la peine à croire que les
ouvrages, dans ce genre, de votre
homme de lettres assez connu, soient
comparables aux miens.

Votre idée de faire du Palais-Royal
la capitale de Paris est assez heu-
reuse : votre description du bonbon
d'amour me fait craindre que vous
n'y ayez inséré quelques ingrédiens
propres à augmenter une passion
déjà trop effrénée dans une jeunesse
fougueuse.

12.

J'ai vu avec. admiration jusqu'ou
vous aviez poussé la confiturerie,
vous l'avez étendue jusqu'aux chaînes d'or et aux bijoux; ils sont,
dites-vous, renfermés dans de jolies
surprises; j'ai été en effet très-sur-
pris de cette nouvelle branche de
commerce, inconnue jusqu'à ce jour
dans les ateliers de vos confrères,
dont le mécontentement éclatera tôt
ou tard, malgré le plaisir que ces
cadeaux font aux dames. Cette dernière phrase ne peut regarder que
des concubines et des prostituées, et
donneroit à penser que vous recevez
indistinctement toutes sortes de personnes.

J'ai l'honneur d'être, etc. — CAIL-
LOT-DUVAL.

Réponse

Paris, 23 janviér 1786.

J'ai reçu, mon cher monsieur, l'honneur de la vôtre du 11 janvier, par laquelle je vois avec plaisir l'intérêt que vous prenez à l'art de la confiturerie, qui de tout temps a été portée au degré qu'elle exige ; mais comme le palais augmente journellement de délicatesse, il est difficile d'enrichir cette partie au gré des amateurs.

Indistinctement me rappelez-vous l'effet qu'a produit mon prospectus au cabinet littéraire de votre ville j'ai tout lieu d'en être convaincu par la demande extraordinaire que vous me faites des objets y rappelés.

Je me permets un moment d'entretien sur les réflections obligeantes de votre zèle à retourner le pastillage, le papillotage et le marronage, que j'ai effectivement omis vu que cette partie est trop commune pour en faire un préambule.

Je ne m'étendrai point sur la décision du minotaure, qui à ce qui me paroît vous est plus connu que le minautore, je remet cette décision aux hommes de lettres ainsi que celle du royaume de Crète; je me bornerai seulement à vous satisfaire sur la délicatesse des objets que j'annonce en détruisant sans réflections vos soupçons sur mes quatre bonbons dont vous me parlez.

Le premier (ditte vous) n'amuse ni ne diverti, je le croit en effet pour de certaines personnes, mais du moins ne dégout-il point ceux qui en font usage.

Le second paroit vous être douteux à rappeller un souvenir au profit des malheureux captifs; si cela est (dite vous) vous vous engagerez formellement à en prendre jusqu'à la concurrence de 3 liv. de France; il paroit, mon cher monsieur, que vous êtes

disposé à en rappeller un souvenir à
tous vos amis, car pour le prix je
pourrai vous en céder jusqu'à la concurrence d'une demi-livre.

Vous me demandez un recueille de
mes devises ainsy que de mes pistaches portugaises que j'ai annoncées
inimitable jusqua présent non par la
forme, mais par la délicatesse, j'aurai soin de contenter vos desirs au
moment du tirage de l'imprimeur.

J'espère que réciproquement vous
voudrez bien me faire part des objets
composant votre porte-feuille sucré,
et surtout des deux tragédies partagées en soixante et dix morceaux,
étant amateur d'en rapprocher le
succès.

Nayez, s'il vous plait, aucune
crainte sur mon bonbon d'amour, ce
qui est renfermé naugmente nulle-
ment ni ne diminue la passion de la
jeunesse, sa composition est aussi
naturelle que sa forme.

Il paroit que vous avez été surpris

sur la nouvelle branche de commerce d'étendre la confiturerie jusqu'aux chaînes de montres et bijoux d'or, inconnue, dites-vous, dans les atteliers de mes confrères ; je ne connois aucun de mes confrères qui ait des atteliers ; mais revenons à votre étonnement, cela ne doit pas vous paroitre plus extraordinaire que le genre dun homme de lettre qui forme ses réflections sur des objets qui lui sont inconnus.

Enfin, pour répondre à votre dernière phrase, vous ne devez point trouver ridicule que dans un magazin il y entre indistinctement toutes espèces de personnes sans que le marchand soit exposé au moindre soupçon, ainsy je me crois à l'abri de tout reproches à cet égard, voila mon cher monsieur à ce que jespère, de quoi contenter le desir de vos réflections pour ce moment, moffrant à vous satisfaire dans tous vos desirs avenir ayant l'honneur d'être très-parfaitement. — BERTHEL.....

XI

A M. Urbon, lieutenant-général de police, à Nancy

(Caillot-Duval, travesti en père éploré, le prie de faire chercher sa fille, enlevée par un hussard. Le magistrat fait honneur à la requête sans se dissimuler sa bouffonne-rie. C'est un mystifié du devoir).

Paris, le 15 janvier 1786.

Ah ! mon cher monsieur, vous connoissez la force des sentimens paternels, jugez de ma douleur : j'ai perdu le soutien de ma vieillesse, ce fruit du plus tendre amour ; ma fille, en un mot, dégénérant de la vertu de ses pères, s'est laissée prendre aux grossières amorces d'un ensei-gne de hussards de l'électeur pala-tin. Ce malheureux jeune homme, n'écoutant qu'une aveugle passion, a ravi cette fleur précieuse qui, une

fois partie, ne revient plus ; cet in-
fâme, au mépris de ses sermens,
vient de l'abandonner : j'en ai la
preuve et je crois qu'elle s'est réfugiée dans votre ville. Veuillez bien,
par vos recherches, rendre la vie à
un père infortuné : je sens... je sens
que j'ai des entrailles de père ;
qu'elle revienne à moi, je lui par-
donne. Enfin, mon cher monsieur,
je compte sur vos soins ; vos yeux
d'Argus auront bientôt pénétré le
mystère, et porteront dans mon âme
un baume consolateur.

Pour rendre vos recherches plus
faciles, voici le signalement de ma
chère fille : elle est plutôt brune que
blonde, les sourcils presque noirs,
les yeux grands et bien fendus, le
nez retroussé, la bouche petite, les
dents blanches et le menton pointu ;
les joues vermeilles, la main potelée,
le bras dodu, la gorge bien placée,
une taille de nymphe, le pied chi-
nois, le genou très droit, chose que

vous savez être très rare dans une femme. J'ai de fortes raisons de croire qu'elle est chez quelque marchande de modes et qu'elle a changé de nom.

Je me repose entièrement sur vous, qui êtes ma seule espérance, le vrai consolateur de la veuve et de l'orphelin, et la fleur des lieutenans-généraux de police de notre hémisphère.

Recevez, mon cher monsieur, les assurances des sentiments avec lesquels j'ai l'honneur d'être. etc. — CAILLOT-DUVAL.

Réponse

Nancy, le 29 janvièr 1786.

Malgré le stýle, j'ose dire comique, de votre lettre, monsieur, j'ai fait toutes les recherches qu'il m'a été

possible pour tâcher de découvrir si
mademoiselle votre fille s'étoit réfugiée dans notre ville ; je crois pouvoir vous assurer que non : au moins
est-il sûr qu'elle n'est chez aucune
marchande de modes, où je n'ai
trouvé personne qui ressemblât au
portrait que vous m'en faites. Peut-
être n'aura-t-elle fait que passer ici,
et sera-t-elle allée plus loin, à Strasbourg, par exemple, qui, étant une
fort grande ville, peut lui donner
plus de facilités pour se tenir cachée.
Je suis très-fâché, monsieur, de n'a-
voir pas de nouvelles plus satisfaisantes à vous donner ; croyez que je
n'ai pas épargné mes soins et mes
peines.

J'ai l'honneur d'être très–parfaitement, monsieur, votre, etc. —
URLON.

XII

A Mossy, imprimeur-libraire,
à Marseille.

(Offre d'un poème de vingt feuilles in-
octavo : *La Conquête de la Basse-Egypte*, en
attendant un second volume sur la Conquête
de la Haute. Mossy, accepte cette « marque
d'affection », comme imprimeur bien entendu).

Nancy, le 26 octobre 1786.

Ah ! mon cher monsieur, que de
regrets nous donne tous les jours le
changement qu'a éprouvé la rédac-
tion du journal de Marseille ! Depuis
que vous l'avez abandonné, on n'y
voit que des rébus et des radotages :
quelques mauvais logogryphes, des
annonces mille fois répétées, des lettres d'un sieur Pascal, qui se dit
maître de langues, mais qui ne l'est
pas, à coup sûr, de la langue française, et d'autres pareilles sottises le

remplissent tour à tour. N'y auroit-il
pas moyen de faire cesser un abus
aussi criant? et le privilège du sieur
Beaujard (1) sera-t-il donc éternel? J'ai
quelque crédit dans les bureaux du
contrôle général ; si je pouvois vous
y servir, et, par mon entremise, faire
rentrer dans vos mains un privilège
qui n'eût jamais dû en sortir, je
m'estimerois trop heureux, et je croirois avoir rendu un service éclatant à
mes compatriotes (car je suis Pro-
vençal, afin que vous le sachiez).
J'espère que si nous réussissons,
vous purgerez ce petit ouvrage des
sottises sans nombre dont il est le
tombeau. Vous vous doutez bien que
je comprends dans le nombre les
poësies beaucoup trop fréquentes de
M. R...., qui a l'attention, à la vérité,
de ne mettre que la première lettre

(1) Trois mois après, Caillot félicitait
perfidement le même Beaujard d'avoir si
bien remplacé « le sieur Mossy », mais
Beaujàrd ne répondit pas.

de son nom, mais qu'on devine sans
peine, pour peu qu'on soit fait à son
misérable genre : le bout d'oreille
paroît de tous côtés.

Un de mes amis qui arrive de Marseille m'a assuré que votre cabinet
littéraire étoit, comme par le passé,
le rendez-vous de la crême des gens
d'esprit de votre ville ; il m'a ajouté
que cette illustre assemblée étoit pré-
sidée dans ce moment-ci par un magistrat respectable, le père des orphe-
lins, des veuves, et sur-tout des
étrangers; en un mot, l'avocat du
roi G..., qui remplit avec autant de
dignité que d'éclat cette honorable
charge.

De tout temps, monsieur, je me
suis adonné à la littérature : les
jouissances que procure le monde ne
peuvent être comparées à celles qu'é-
prouve un véritable amateur de lettres. Je viens de terminer un poëme
dont j'avois depuis longtemps les
matériaux ; les dernières nouvelles

du Caire me permettent de le mettre au jour ; il est intitulé : *La Conquéte de la Basse-Egypte*, par le capitaine Pacha. Vous serez surtout satisfait de l'épisode des Pyramides, monument éternel de la grandeur des anciens, à laquelle nous n'atteindrons jamais ; vous serez aussi frappé du récit de la mort de *Murat-Bey* et du discours que je lui fais prononcer à cet instant fatal. J'ai jeté les yeux sur vous, mon cher monsieur, pour la publication de cet important ouvrage ; la beauté de ceux qui sont sortis de vos presses m'a décidé : oui, la typographie doit s'honorer d'avoir des artistes comme vous. Je vais vous parler confidemment : je me serois bien adressé à Didot ; mais, de vous à moi, qu'est-ce qui fait la beauté de ses ouvrages ? le papier, *le papier*, LE PAPIER (1) ! je crois que vous pen-

(1) Celui de l'imprimerie Mossy était détestable. D'où la malice.

serez de même ; en conséquence, je vais mettre au net mon ouvrage. Mandez-moi par quelle voie il faut que je vous l'envoie, et quel censeur je puis demander à Marseille ; il aura environ vingt feuilles in-8°, ce qui fera un volume raisonnable. Si votre réponse tardoit plus de quinze jours, je me croirois autorisé à vous envoyer mon manuscrit ; je vous en préviens.

J'ai l'honneur d'être, etc. — CAILLOT-DUVAL.

P. S. Mon nom, quoiqu'assez connu, j'ose le dire, dans la littérature allemande, ne l'est pas encore beaucoup dans la littérature française, car l'ouvrage que j'annonce est le premier que je mets au jour ; je me flatte pourtant que vous n'en serez pas mécontent, et qu'il ne fera pas honte à votre imprimerie, dont il est sorti tant de chef-d'œuvres. J'espère que vous voudrez bien ne pas ébruiter cette lettre : elle pourroit parvenir à M. Beaujard (1) qui feroit son possible pour mettre obstacle à l'envie que j'ai de vous être utile, soit pour le recouvrement du privilège du journal, s'il est encore à votre convenance, soit pour tout autre chose, si vous avez renoncé à cet article-là.

Je vais m'occuper du second volume du même ouvrage, qui sera la *Conquête de la Haute-Egypte,* dont je ne doute pas que mon héros ne se rende bientôt maître.

Réponse.

Marseille, le 7 novembre 1786.

J'ai reçu, monsieur, la flatteuse lettre que vous m'avez fait l'honneur de m'écrire, en date du 26 du mois

(1) C'était le rédacteur du journal de Marseille. V. pages 146, 147.

passé : je suis très-sensible à l'intérêt
que vous voulez bien prendre à mes
succès, et à l'envie que vous auriez
de les augmenter. Il ne m'appartient
pas de dire mon sentiment sur la
valeur actuelle du journal de Marseille : quoique je n'aye pas renoncé
au projet de le ravoir, le ménage-
ment que je dois garder vis-à-vis
certaines personnes, touchées de
commisération pour l'auteur actuel
de ce journal, me font garder le.
silence ; et d'ailleurs c'est un objet
si mince par lui-même, qu'il est
incapable de donner un pain à son
rédacteur, ainsi cela fait un fort petit
sacrifice.

Venons actuellement au point principal, qui est la préférence dont vous
voulez bien m'honorer, en me don-
nant à imprimer votre poëme nouveau de la conquête de la Basse-
Egypte ; cette marque d'affection de
votre part m'est extrèmement gra-
cieuse, et vous pouvez être assuré

que je serai toujours très-disposé à
entrer dans vos vues.

Cependant, comme votre intention
seroit peut-être de me faire passer
votre manuscrit par la voie dispen-
dieuse de la poste, je vais vous donner un moyen plus économique de
me le faire parvenir.

Il est sûr que vous avez à Nancy
des libraires qui ont des correspondances à Paris, chez M. Delalain le
jeune, rue St-Jacques, qui m'expédie
tous les 15 jours, et qui est à même
de les recevoir de suite, n'étant éloigné que de soixante lieues : veuillez
m'adresser votre poëme sous son pli.

Je suis bien aise d'ailleurs de vous
informer que je ne pourrai guères
commencer votre ouvrage qu'en février prochain, ayant actuellement
sous presse (1) un ouvrage de très-

(1) Grisé par la comparaison de sa mau-
vaise imprimerie à celle de Didot, Mossy
annonce comme nouveauté purement Mar-
seillaise la longue paraphrase d'un Dic-

grande conséquence ; c'est un *diction-naire critique de la langue française,* qui renfermera tout ce qu'on peut dire sur cette langue, aujourd'hui si générale. Il renfermera la vraie pro-nonciation de chaque mot, sa proso-die, sa valeur, ses différentes accep-tions, ses vraies significations, ses nuances, ses synonymes ; enfin, il sera enrichi de remarques gramma-ticales, et renfermera des critiques raisonnées ; tous nos meilleurs au-teurs y sont passés en revue : enfin, je pense que ce sera un ouvrage qui fera sûrement la plus grande sensa-tion parmi les savans, et sera très-utile aux étrangers ; il aura trois grands volumes in-4°.

Ce qui doit nous faire plaisir, c'est que ce sera un Marseillais qui sera le restaurateur de la langue française : la Provence aura produit en même

tionnaire Grammatical déjà publié à Paris en 1768 et 1786, et en 1761 à Avignon.

temps un grand homme de guerre (M. de Suffren) et un grand littérateur (M. l'abbé Feraud).

Voilà, monsieur, une assez longue lettre : je vous prie d'excuser mon bavardage.

J'ai l'honneur d'être, etc. — Mossy.

TABLE

DES NOMS DE PERSONNES

CITÉS DANS LA CORRESPONDANCE

ACHEVÉ D'IMPRIMER

A LAVAL

le 3 Mai 1901

SUR LES PRESSES DE

L. BARNÉOUD & Cie

POUR

H. DARAGON, Libraire